国家自然科学基金委员会"NSFC-云南联合基金"项目"云南与周边国家金融合作的异质性约束及人民币区域化的实现机制与路径研究"（项目批准号:U2002201）资助

中国西南周边国家美元化与人民币跨境流通

刘　方　丁文丽◎著

中国财经出版传媒集团

经济科学出版社
Economic Science Press

图书在版编目（CIP）数据

中国西南周边国家美元化与人民币跨境流通/刘方，丁文丽著．－－北京：经济科学出版社，2022.5

ISBN 978 - 7 - 5218 - 3657 - 8

Ⅰ.①中…　Ⅱ.①刘…②丁…　Ⅲ.①美元－货币流通－研究－东南亚②人民币－货币流通－研究－东南亚

Ⅳ.①F833.5

中国版本图书馆 CIP 数据核字（2022）第 076457 号

责任编辑：周国强
责任校对：王京宁
责任印制：张佳裕

中国西南周边国家美元化与人民币跨境流通
刘　方　丁文丽　著

经济科学出版社出版、发行　新华书店经销
社址：北京市海淀区阜成路甲 28 号　邮编：100142
总编部电话：010 - 88191217　发行部电话：010 - 88191522
网址：www. esp. com. cn
电子邮箱：esp@ esp. com. cn
天猫网店：经济科学出版社旗舰店
网址：http://jjkxcbs. tmall. com
固安华明印业有限公司印装
710 × 1000　16 开　10.25 印张　180000 字
2022 年 5 月第 1 版　2022 年 5 月第 1 次印刷
ISBN 978 - 7 - 5218 - 3657 - 8　定价：68.00 元
（图书出现印装问题，本社负责调换。电话：010 - 88191510）
（版权所有　侵权必究　打击盗版　举报热线：010 - 88191661
QQ：2242791300　营销中心电话：010 - 88191537
电子邮箱：dbts@ esp. com. cn）

前　　言

　　自 2009 年启动跨境贸易人民币结算政策促推人民币国际化以来，人民币国际化总体运行稳顺，但也呈现从快速推进到停滞不前再到缓慢推动的阶段性特征。进入"平台期"的人民币国际化，虽按照"周边化—区域化—国际化"的既定路线推进，但发展过程却又不拘泥于此顺序，而是相互协调、互为增进。总体而言，人民币周边区域化效果还很有限。

　　为此，推动人民币周边区域化，进而推进人民币国际化需要多点突破、精准施策。不仅需要竭力扩大人民币全球外汇储备规模和国际支付市场份额，而且还需要不断加快和扩大人民币在周边区域的跨境流通和使用，以此形成坚固的人民币周边经济圈，促进人民币境内外畅通循环，便利经贸、投资和金融交易。

在中国西南周边国家推进人民币的区域国际化，既有渊厚的历史基础，也占有得天独厚的区位优势。在本书中，中国西南周边国家主要是指老挝、缅甸、越南和柬埔寨四国。一方面，前三个国家与中国云南、广西接壤，人民币跨境流通和历史悠长，基础厚实；另一方面，这些国家都存在不同程度的美元使用情况，特别是柬埔寨美元使用更加广泛，存量也大，与本书主题"美元化"密切相关。

但是，与中国云南省毗邻的周边国家中，美元在其国内大量而广泛使用（老挝国内还允许使用泰铢），人民币则仅在边境地区流通使用，人民币在周边国家跨境流通使用呈现"边境多，内陆少"的鲜明特征。人民币向周边国家内陆地区纵深推进，既面临周边国家美元化的挑战，也受周边国家货币管理政策的约束。

那么，中国西南周边国家美元化的演化历史与现状如何？美元化影响人民币跨境流通的理论基础、作用机制是什么？美元化对人民币跨境流通使用的抑制性影响程度有多大？如何避免美元化的影响，推动人民币在周边国家的深度跨境流通使用？这些问题的解答，不仅深化了美元化与人民币跨境流通的相关理论研究，而且丰富了研究人民币国际化的同类文献，为助力中国与西南周边国家金融合作，共建金融合作网络共同体，推动人民币周边区域国际化具有现实指导意义。

基于此，本书试图探寻中国西南周边国家美元化的形成动因与演化轨迹，着力构建解释美元化的一般分析框架及其宏观效应的动态随机一般均衡（DSGE）模型，总结并测度人民币在中国西南周边国家跨境流通使用情况及规模，将跨境货币引入最低方差投资组合模型，解释并开展美元化对人民币跨境流通的作用机制与实证研究。由于美元化与人民币跨境流通的重要性，本书还着重考察了美元化与人民币跨境流通的相关理论，以此辨明二者之联系与区别。

从历史视角看，美元化表面上是肇始于通货膨胀，但其实还有更深层次的内因（亦即触发因素）。特别是在东南亚国家中，如柬埔寨，其美元化的原因不仅与通货膨胀高企有关，还与整个国家政府的宏观经济管理不善、币制改革失败、金融体制改革滞缓等因素密切相关，导致美元的悄然流入，以致后期美元的合法流通和使用，这些均深刻地影响了柬埔寨美元化的走势。因此，美元化在中国西南周边国家的起因，既要看具体表象，也需要掌握实质要理。本书梳理了中国西南周边四国（老挝、缅甸、越南、柬埔寨）的美元化状况，总结其基本特征，对于深入了解这些国家的美元化提供了丰富翔实的资料，为后续有关研究铺垫基础。

美元化的宏观经济效应如何？对此问题的困难在于如何界定和度量美元化。已有文献从货币替代理论出发，基于通货膨胀考量，在居民效用函数中引入外币，讨论通货膨胀条件下的货币替代问题，以此表明美元化的实质——通货膨胀条件下的货币替代。本书也基于此方法做了简要分析和数值模拟，而基于 DSGE 框架的一般分析，则更好地考察美元化对若干宏观经济变量（产出、消费、投资、利率等）的影响，从而侧面说明美元化的利弊。遗憾的是，由于周边国家美元化数据获取不足，本书仅在居民效用函数中纳入美元化因子，在企业、政府部门中却未做考察，因而对美元化宏观效应的分析不甚全面，需要后续跟进，加强研究。

美元化影响人民币跨境流通的机制是什么？国内已有文献并未作答，国外文献似乎不曾涉及人民币。因此，本书借鉴伊兹和耶雅梯（Ize & Yeyati, 2003）的研究，将跨境货币引入最低方差投资组合模型，同时讨论外币和跨境货币份额的决定因素，借此比较和分析跨境货币和外币之间的内在关系，由此以美元代表外币、以人民币代表跨境货币，推论美元化对人民币跨境流通的影响机制，在此基础上兼而讨论利率差异、汇率风险等因素对二者的决定性影响，从而丰富了货币选择理论。

本书最后一章总结并提出了研究结论和政策建议。在美元化约束下，人民币在中国西南周边国家跨境流通使用如何突围，我们认为至少可以从四个方面突破：

一是抓住"一带一路"倡议、《区域全面经济伙伴关系协定》（RCEP）正式生效的有利契机，搭上"中老铁路"顺利通车的东风，深化与中国西南周边国家的双边（多边）经济与金融合作，在对外贸易和对外直接投资中更多采用人民币计价、结算的方式，能够扩大贸易和投资领域的人民币结算和投融资规模，极大提高人民币在周边国家的"存在感"，逐步形成人民币贸易和投资的次区域经济圈。

二是推动人民币与老挝基普、越南盾、缅甸元实现银行间市场区域交易，充分发挥中国云南毗邻周边国家的区位优势，大力尝试建立人民币离岸业务中心和人民币跨境清算（结算）中心，积极与周边国家和地区对接跨境人民币支付系统（CIPS），合力搭建安全、高效、便捷的跨境结算和清算网络；在中国（云南）自由贸易试验区的政策框架下，不断扩大金融开放，积极创新跨境金融业务，提升人民币在周边国家的知名度和人民币的区域国际化水平。

三是推动与各国央行层面的磋商与交流，签订货币互换协议，加快和完善人民币与老挝基普、越南盾、缅甸元的直接交易机制。待条件成熟后，推动人民币与老挝基普、缅甸元实现银行间市场区域交易，扩容银行间市场区域交易的报价行，逐渐形成公开、透明和市场化运作的人民币对周边国家货币汇率形成机制，推动境外主体参与境内人民币交易报价，为人民币回流开辟新的通道。

四是人民币跨境流通和使用深度的提高，需要不断锤炼内功，打造坚实的经济与金融基础，既要保持人民币币值的长期持续稳定，推动经济高质量发展，也要协同推进国内多层次金融市场建设和资本项目可兑换进程，最终为人民币跨境流通和国际化提供强大的以经济实力、发达的金融市场、资本项目可自由兑换为基础的支撑条件。

本书是在作者主持的云南省哲学社会科学青年项目课题研究报告的基础上不断修改完成的，而且也是国家自然科学基金委员会"NSFC－云南联合基金"重点项目的阶段性研究成果。在此，我把它献给所有关心和支持人民币区域国际化，特别是关心人民币在中国西南周边区域国际化的各位专家和领导，以及对国际金融感兴趣的其他所有人。

刘　方

2021 年 9 月于云南昆明

目　　录

第一章

导　　论

第一节　问题的提出与意义

　　美元化已经成为国际经济学研究的热点之一，美元化的利弊也曾一度成为国内外学者讨论的焦点。全球经济一体化的发展已经促使许多经济体放弃货币自主权，使用外国货币（或共同货币）作为本国居民结算和企业计价的货币选择，主要表现在：一是使用共同货币，如欧元区、中非经济与货币共同体、西非经济和货币联盟、东加勒比货币联盟；二是使用另一种货币作为法定货币，如厄瓜多尔、巴拿马等将美元作为其法定货币；三是既可以使用本国货币，也允许外国货币流通使用。拉美、原苏联东欧国家是美元化极高的两个区域，在许多发展中国家和转轨国家，美元化的趋势也在不断增强，如柬埔寨、老挝、秘鲁等，这些国家同时使用两种以上的货币。

美元化内涵和外延已经极大丰富，可界定于三个层次：货币替代、固定汇率和法偿货币。货币替代层次的美元化表现为一国居民对外国货币的持有，是一种非官方的美元化；固定汇率层次的美元化则是把本国货币固定盯住单一外国货币的固定汇率制或货币局制度，是一种官方的非正式美元化。与前二者不同的是，法偿货币层次的美元化则表现为外国货币在一国流通使用，并且取得法偿货币地位，若主权国家货币未被取消，就会形成双重法定货币同时流通的情况，称为半官方的美元化。反之，就是官方美元化，此时主权国家完全丧失铸币税和货币政策自主性。

在东盟国家中，柬埔寨、老挝、越南及缅甸的美元化趋势较为明显。美元在这些国家中得以不同程度地流通，然而其本国货币并没有丧失，仍然与外币共同使用。老挝、越南、缅甸属于货币替代层次的美元化，柬埔寨则属于法偿货币层次的半正式美元化。

那么，在这些国家中，美元的广泛流通使用是否会对我国人民币的跨境流通使用造成影响呢，如果有，如何应对？一方面，人民币在与中国云南接壤的老挝、缅甸和越南边境上大量流通使用，但在三国内陆地区的使用则相对较少，是否与美元化有关？人民币在中国西南周边国家的流通规模有多大？另一方面，人民币跨境流通与美元化存在本质不同，在"一带一路"建设中，要推动人民币在周边国家内陆使用，避免人民币与美元的直接竞争，最有效、直接的策略是什么？这些问题的解决将会对我国推进与西南周边国家跨境金融合作，促进人民币区域国际化具有指导意义：一是以人民币资金流通为主，助力加快推动"一带一路"项目在西南周边国家落地实施，促进人民币在周边区域的国际化；二是有利于加强与西南周边国家的金融合作，从国家政策层面为人民币的境外合法流通开创有利条件，助力人民币境外循环和有效使用，提高人民币在周边区域的可接受度。

第二节　国内外文献综述

一、美元化的相关研究

（一）美元化产生的原因

20 世纪 90 年代爆发的一系列金融危机，使人们重新思考各种汇率制度的优缺点，当时很多学者均倾向于实行货币局或美元化的超固定汇率制度。从 1999 年开始，一些美洲国家，如阿根廷、墨西哥、加拿大等先后提出将考虑实行美元化①。2000 年 9 月、2001 年 1 月，厄瓜多尔和萨尔瓦多两个国家正式实行美元化。

关于美元化产生的原因，一些学者认为，美元化产生于经济全球化时代，是汇率波动加剧导致的。因为发展中国家汇率波动巨大，实行固定汇率可能最好，但是实施固定汇率，又可能丧失货币政策的独立性。因此，主张放弃本国货币，特别是有中央银行的国家（Hanke，1999）。另一些学者认为，在本国通货膨胀高居不下，本币信心不足时，居民会自发选择持有另外一种坚挺的货币，这样可以克服通货膨胀，避免汇率波动，如许多拉美国家（江时学，2004）。

但是，美元化的起因，表面来看是汇率波动、通货膨胀的后果，事实上

---

① 事实上，美元化的产生由来已久。1278 年安道尔就实行了以法国法郎为目标币种的美元化；1899 年美属萨摩亚实行以美元为目标货币的美元化。在每一个历史时期，都有不同程度的美元化，而且多次反复。

还与一国的宏观经济管理能力、财政纪律、金融改革和接受大量外来援助等因素有关（Menon，2008；何曾、梁晶晶，2015）。所以，美元化的产生既有外因，也有导致其发展的内因。

（二）美元化的多重影响

美元化的影响已经得到国内外专家学者的关注，并且均已从理论和实证方面进行了诸多研究（Baliño et al.，1999；Schmitt-Grohé & Uribe，2001；Yeyati，2006；Alvarez-Plata & Garcia-Herrero，2008；张宇燕，1999）。这些研究集中于讨论美元化的成本和风险，美元化对该国货币政策以及美元化对通货膨胀、汇率波动、外汇储备、经济增长和金融发展的影响（Nicoló et al.，2005）。美元化虽然在一定程度上削弱了一国经济主权和金融主权、货币政策效果，特别是在通货膨胀高企的时候，更高程度的美元化反而有助于抑制通货膨胀上涨、带动银行业发展和提高政府的信誉。诺茨和罗森克兰茨（Notz & Rosenkranz，2021）认为，负债美元化还可平抑一国经济周期波动。

但是，美元化程度的提高又可能会引发汇率波动、国内货币的供求失衡和加剧外汇储备囤积等问题，从而造成金融市场的震荡（黄泽民、陆文磊，2001；蔡辉明、易纲，2003）。在危机发生时，美元化国家的中央银行由于丧失了最后贷款人职能，因此对危机的救助显得苍白无力（王喜平，2005），这也决定了美元化国家危机增大的可能性，而且随时可能带来国内的金融不稳定（刘沛，2005）。陈柳钦（2005）认为，在当时的经济环境下，中国美元化的趋势也越来越明显，需要进一步加强金融改革，并试行汇率目标区的形成机制。

对美国来说，实施美元化的国家也会对美国产生有利影响。熊劫和黄少炳（2004）认为，美国可以获得大量的铸币税，刺激美元化国家的一体化发展，带动投资和经济增长，从而助力美国经济的长期繁荣。江时学（2005）在此基础上增加了一条，即美国在美元化国家的投资能够得到保障。当然，美国对实行美元化的国家的态度也有消极一面，因为美元化到达一定程度时，就会对美国的货币政策产生一定影响，增加美国经济政策的不确定性，因而对其他国家推行美元化，美国国内的一些人士则持谨慎中立态度。

（三）东南亚国家的美元化

2008年，美国次贷危机及其余震使美元遭受严重的信用危机，全球"去美元化"的进程加快（孙丹，2015；陶士贵、陈建宇，2015），"去美元化"成为摆在美元化国家的一道难题，因为美元化的持续具有不可逆性，这使得各国"去美元化"的努力和效果不尽相同。在东亚地区，柬埔寨和老挝的"去美元化"效果都不甚理想，两国的美元化程度还比较高，其中以柬埔寨美元化程度最高。

由于拉美地区、中东地区和部分转型国家的美元化程度较高，国内学者大多均以它们为主要研究对象，深入剖析其美元化历程、动因和成本－收益问题（滕书圣、阮锋，2001；王先锋、陈建新，2001；朱小梅，2006），但却少有学者关注柬埔寨、老挝和越南三国的美元化问题，仅束斌和马国宏（2015）讨论了柬埔寨、老挝和越南三国美元化的简要进程及人民币跨境流通使用的前景，而滕莉莉和潘永（2013）讨论的是这三国证券市场的开放历程以及中国所面临的机遇。

在东南亚地区，柬埔寨的美元化问题得到了国外学者的极大关注，他们主要是围绕柬埔寨美元化的成因、汇率波动和政策选择等方面进行深入探讨。例如，日本国际大学的雷等（Lay et al.，2010）以柬埔寨为例，讨论了柬埔寨美元化对汇率波动的影响，查玛克鲁兹和萨（Zamaróczy & Sa，2003）、门农（Menon，2008）、杜马（Duma，2011）等讨论的是柬埔寨美元化的成因和政策选择，而苟峻（Goujon，2006）则是以越南为例，详细剖析了越南美元化高企时期的通货膨胀决定机制，并进行了实证研究。

二、人民币跨境流通的相关研究

（一）东南亚在人民币国际化进程中具有十分重要的地位

李婧等（2004）认为，鉴于当前中国的经济状况，人民币国际化会局限于东南亚地区，而且，在可以预见的将来，人民币国际化水平的高低也将主要受制于东南亚地区。对于东南亚而言，人民币国际化有助于促进区域经济合作，降低交易成本和汇率风险，因此可以增加中国与东盟之间的福利，可加速区域经济一体化进程。高晨（2010）认为，人民币国际化或始于东南亚；高海红（2011）则明确提出，人民币国际化以人民币区域化为起点；张见和刘力臻（2012）则认为，东南亚地区是人民币区域化的首选区域。

从人民币国际化的路径来看，人民币"周边化—区域化—国际化"路径得到很多专家学者的认可。而大部分学者也都认同东南亚在人民币周边化和区域化进程中具有十分重要的地位，是人民币周边化和区域化的重要目标区域（刘力臻、徐奇渊，2005；石杰，2008；唐双宁，2009；范祚军等，2010；徐灼等，2016）；人民币国际化之路，只有从周边国家出发，从贸易与投资的真实需求出发，才可能走得更加稳健和可持续。通过人民币区域化来实现人民币全球化，这是一条更稳健、审慎的货币国际化道路（张明，2015）。

（二）人民币在东南亚的流通使用具有良好的合作条件与基础

地缘上，老挝、缅甸、越南与中国接壤，具有良好的地缘条件。在应对1997年亚洲金融危机中，由于中国政府明确表态人民币汇率不贬值，保持稳定，这为东南亚、整个亚洲乃至世界金融的稳定作出了巨大贡献（胡松明，1998；张岚松，1998）。

制度方面，中国与东南亚国家签署了一系列的协议，为人民币在东南亚的流通使用提供了良好的制度基础，包括：2000 年 5 月东盟与中日韩"10 + 3"《清迈协议》（即《清迈双近货币互换协议》）的签订；2007 年以来中国与泰国、印度尼西亚、马来西亚和新加坡等东南亚国家所签订的双边本币互换协议；1993 年和 2002 年中国人民银行与越南和老挝的中央银行所签订的适用于边境地区的双边本币结算合作协议等（何曾，2014）。离岸人民币金融中心建设方面，新加坡已成为除中国香港、伦敦之外的全球第三大离岸人民币金融中心（何曾，2014；马涛，2018）。

银行间货币挂牌交易方面，人民币已实现对部分东南亚国家货币的直接挂牌交易，包括对马来西亚林吉特、泰铢、老挝基普、越南盾等东南亚货币（牟怡楠，2013；何曾，2014），对柬埔寨瑞尔实现银行间市场区域交易。银行卡及电子货币视角，中国银联在新加坡、马来西亚、泰国、菲律宾、印度尼西亚、越南和柬埔寨等东南亚国家已开始了中国银行卡的国际化进程（杨小平、孙仲文，2009）；绝大部分东南亚国家已经与中国签订共建"一带一路"合作文件，如缅甸、菲律宾、印度尼西亚、越南、柬埔寨、老挝、马来西亚、泰国、新加坡等。

借助"一带一路"和国际产能合作等国家重大项目，推动跨境投融资业务持续发展，人民币有望在"一带一路"基础设施融资机制中成为关键货币，根据亚洲开发银行估计，未来十年亚洲基础设施每年的资金缺口大约为 8000 亿美元，仅东南亚市场轨道交通项目的总投资规模就接近 9800 亿美元。近 10 年来，中国对"一带一路"沿线国家和地区的投资增长迅猛，而从国别结构看，超过一半的中国对"一带一路"沿线国家的投资存量集中在东盟十国（陈雨露，2015；涂永红等，2017）。

（三）人民币区域流通中最集中的区域是东盟

早在 20 世纪 90 年代，云南边贸就开始使用人民币进行结算。2003 年，云南开始使用人民币进行跨境投资，2006 ~ 2008 年，云南边贸人民币结算的比例都高达90%以上（杨燕红，2010）；具体来看，中越、中老、中缅边贸结算，人民币占比较大或以人民币结算为主，甚至在缅甸某些地区出现人民币替代缅元成为流通货币的现象，在老挝的东北部地区，人民币也替代了老挝本币的流通，最远深入到老挝万象一带（陈文慧，2012；牟怡楠，2013；马广奇、李洁，2015）。在境外旅游服务活动中，人民币在东南亚的越南、老挝、缅甸等地区也已经成为广受欢迎的货币（杨荣海、冉萍，2009；刘方，2019）。在东南亚的部分国家，例如，新加坡、马来西亚、泰国等地的许多商店，人民币甚至可以直接购买商品。

（四）人民币在东南亚国家流通使用所面临的问题

由于美元的强势地位，东南亚是"亚洲的美元区"，而日元国际化最初也是在东南亚，但美国凭借其本土市场的强势，不允许东南亚向美国出口使用日元标价，这是日元国际化以失败告终的一个重大原因。在中国西南周边国家，美元强势国际货币的地位仍不容忽视，也是人民币周边化和区域化必须要着手解决的问题（丁剑平等，2015）。

此外，地摊银行和地下钱庄等问题的存在，在为中国与东南亚部分国家边境地区提供交易便利性和灵活性的同时，带来了跨境人民币资金流通数量难以统计和监管的问题，在中越边境贸易的结算中，"地摊银行"的结算甚至占据了主导地位，而一般贸易结算很大程度上还要借助于美元来完成整个操作流程。边境地区参与边贸的企业多为民营企业，对市场的影响力和掌控力不够，一定程度上影响了人民币在边贸中的结算（丁文丽等，2011；李保林，2013；潘永等，2013；梅德平等，2015）。人民币在云南周边国家的留存主要通过边境贸易和游客跨境人民币消费这两条渠道实现，留存量估计数值大致在50亿~200亿元之间（杨小平，2005；姚晓东、孙钰，2010）。

国外对人民币跨境流通的研究，其落脚点是人民币国际化及人民币国际化经由东盟国家的意义，早期仅对人民币国际化进行评论和展望，例如，伊藤（Ito，2008）认为，一旦中国真正开放资本账户，人民币在区域内的影响力会更大，那些与中国联系密切的国家的货币与人民币之间的双边汇率会自然而然联系得更为紧密且稳定，人民币会逐步成为区域关键货币，但人民币对区域内其他货币的影响是比较有限的。伊藤（Ito，2010）指出人民币对亚洲其他国家货币已形成强势影响，伴随人民币国际化的推进将成为国际关键货币。

吴等（Wu et al.，2010）认为，人民币将会融入世界货币体系。2008 年全球金融危机之后、特别是 2010 年中国经济规模超过日本，国外学者对人民币国际化问题的关注度提升，其重点从金融市场、金融改革的角度评估人民币国际化的条件（Kroeber，2013；Lee，2014）。艾肯格林和卡瓦伊（Eichiengreen & Kawai，2014）认为，在 2008 年底中国已经与东盟多个成员国达成货币互换协议，金额达 2300 亿美元，签订货币互换协议的目的在于推进人民币区域化，而东盟也是中国实施跨境贸易结算试点项目的第一批境外地区。

因此，东盟地区在人民币周边化和区域化进程中具有十分重要的地位，是人民币周边化和区域化的重要目标区域；而且在东南亚地区，人民币已经具有一定影响力（Ito，2010）、扮演着区域货币角色（Fratzscher & Mehl，2014）。所以，人民币国际化之路，只有从周边国家出发，从贸易与投资的真实需求出发，才可能走得更加稳健和可持续。

"一带一路"倡议提出并实施以来，人民币区域国际化聚焦"一带一路"沿线国家及其影响因素（林乐芬等，2015；严佳佳等，2017）的相关研究。陈雨露（2015）认为，"一带一路"为人民币国际化提供了重要契机，实证研究表明"一带一路"促进了人民币国际化（程贵等，2020）。

三、相关研究评述

总体来看，国内关注美元化问题，起始于 2000 年左右，主要是拉美国家的美元化问题。但是在东南亚地区，如柬埔寨、老挝、越南、缅甸等国的美元化关注较少。2008年之后，国内似乎有没有学者关注东南亚国家的美元化问题。一则，全球金融危机的爆发转移了学者的视界，研究金融危机及其影响增多；二则，全球金融危机之后，中国政府正式启动以跨境贸易人民币结算政策推动的人民币国际化进程，人民币跨境流通、人民币跨境结算、人民币区域化和人民币国际化等研究相继展开。但是，这些研究的出发点或立足点为国内，是从国内视角来研究人民币周边区域化、国际化问题，较少从境外国家的视角展开。

在中国西南周边国家，由于美元和其本币均可以流通，属于半正式美元化。所以不得不考虑境外国家美元广泛流通这个事实。但纵观国内研究，要么单纯研究人民币跨境流通或人民币国际化，未考虑到周边境外国家美元流通的事实，要么仅考虑一个国家，较少统一研究周边四国。因此，在承袭现有文献的基础上，本书以中国西南周边四国（老挝、缅甸、越南、柬埔寨）为对象国，分析四国美元化的演进历史和发展现状，利用测算的人民币跨境流通数据，使用面板数据的计量模型验证美元化对人民币跨境流通的抑制作用，得出相关结论与政策，以为政府决策做参考之用。

第三节　主要研究内容

围绕美元化和人民币跨境流通，系统梳理美元化、人民币区域化的基本理论，总结中国西南周边四国美元化的动因、演化历程和发展现状，构建动态随机一般均衡（DSGE）模型考察美元化的宏观效应，同时剖析中国（云南）与西南周边四国的贸易、投资和人民币跨境使用情况，并测度人民币在西南周边四国的跨境流通规模；引入跨境货币构建最低方差投资组合模型，解释美元化对人民币跨境流通的影响机制，并采集西南周边国家的美元化、人民币跨境流通数据进行实证分析，最后得出研究结论与对策建议。除导论、基础理论及结论部分外，本书的主要内容如下：

一、中国西南周边国家美元化的发展历程与特征

首先，阐释老挝和缅甸两国的美元化原因、演变历程和发展现状。其次，重点介绍柬埔寨、越南两国的美元化诱因、发展历程及其现状。最后，总结四国美元化的基本特征，旨在充分把握西南周边国家美元化的形成动因与演化轨迹。

二、中国西南周边国家美元化的国内宏观经济效应

首先，参鉴邓肯（Duncan，2002）的研究，构建一个居民持有外币的简单 DSGE 模型，其行为主体包含居民部门、企业部门和政府部门；其次，对 DSGE 模型进行对数线性化和参数校准；最后，运用 Dynare 软件模拟分析老挝、越南、柬埔寨美元化对其各自国家宏观经济变量的影响，以及美元化背景下货币政策的效果，旨在剖析美元化带来的若干宏观经济影响效应，辨明美元化之利弊。

三、人民币在中国西南周边国家跨境流通的现状与问题

鉴于人民币跨境流通与贸易、投资紧密相关，本书首先系统剖析中国（云南）与西南周边四国的贸易、投资情况；其次，比较中国及云南对西南周边四国的跨境贸易人民币结算情况；再其次，在总结人民币在西南周边四国跨境流通现状的基础上，运用贸易和投资数据，简要测度了人民币在西南周边四国的流通规模；最后，基于人民币在周边四国的流通和使用现状，梳

理人民币在西南周边国家深度跨境流通使用存在的困难与挑战，旨在充分把握人民币在西南周边国家的流通使用状况及其面临的问题。

四、中国西南周边国家美元化对人民币跨境流通的影响

参考伊兹和耶雅梯（Ize & Yeyati，2003），将跨境货币引入最低方差投资组合模型（MVP），阐释美元化对人民币跨境流通的作用机制，而且从利率差异、汇率风险视角探讨境外主体对货币（美元、人民币）选择的考量，侧面论述美元和人民币的选择之争。采取 2003～2017 年的面板数据进行实证分析，旨在揭示美元化对人民币跨境流通的影响程度及方向。

第四节 研究思路与方法

一、研究思路

在已有相关研究的基础上，本书从美元化、人民币跨境流通的概念、内涵和关系入手，系统总结中国西南周边四国的美元化形成动因、演化历程与现实状况，构建简单的 DSGE 模型分析美元化的宏观经济效应；剖析和测度人民币在中国西南周边国家跨境流通使用状况及流通规模。理论和实证分析美元化对人民币跨境流通的影响机制和作用程度、大小及方向，通过剖析人民币在西南周边国家跨境流通的困难与挑战，依据实证研究结果提出推进人民币在中国西南周边国家跨境使用和促进人民币周边区域国际化的对策建议。

依此思路，文献研究、理论研究、实证研究和对策研究构成本书总体框架，各部分自成体系但又构成一个完整逻辑结构：理论研究属于基础理论部

分，应用研究属于主体论证部分，对策研究属于提出对策建议部分。具体研究思路如图 1.1 所示。

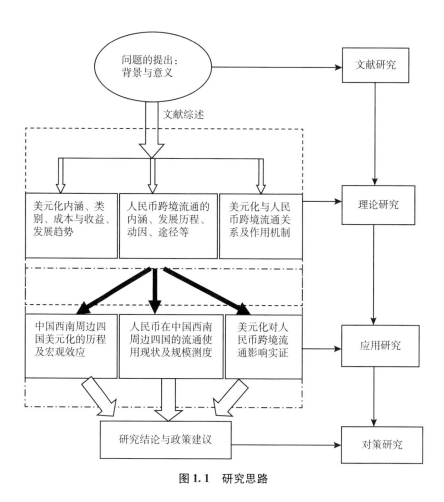

图 1.1　研究思路

二、研究方法

本书综合使用了文献整合法、数理模型法和计量模型法。这些方法的使用，提高了研究的科学准确性。具体来说：

（1）文献整合法，旨在收集整理有关美元化、人民跨境流通的相关国内外研究成果和统计资料，为后续研究积累文献资料，发掘现有文献不足与空白，形成文献综述，为本书研究提供良好基础和独特的切入视角。

（2）数理模型法，旨在建立美元化对人民币跨境流通影响的理论分析框架（最低方差投资组合模型）和DSGE模型，解释影响境外主体选择跨境货币或外国货币的关键因子、美元化的宏观效应，从而为后文实证提供理论依据。

（3）计量模型法，依据测度的美元化和测算的人民币境外流通数据，构建包含 3×15 的面板数据模型，运用可行广义最小二乘法（FGLS）、系统GMM和差分GMM进行实证分析，解答美元化对人民币跨境流通的影响程度及方向。

第五节　主要创新与不足

一、主要创新

本书在借鉴大量研究成果的基础上，形成如下两个方面的主要创新：

（1）将跨境货币引入最低方差投资组合模型，阐释外币（美元）对跨境货币（人民币）的影响。从美元化、人民币跨境流通的基本理论出发，通过构建最低方差投资组合模型阐释美元化对人民币跨境流通的影响机制，并从利率差异、汇率风险视角甄别影响境外主体对有关货币（美元、人民币）选择的真实考量因素，从而对货币选择理论做出一定边际贡献。

（2）另辟蹊径测度人民币在周边国家的跨境流通量。既有文献测度人民币在境外流通规模主要采取"中心－外围"式的货币需求函数法，但是这类测度方法却不能有效估算人民币在每个国家的境外流通规模数据。本书基于人民币贸易结算比重、人民币直接投资比重测度人民币在中国西南周边国家的境外流通规模，对以往相关的测度方法形成必要补充和发展。

二、研究不足

本书仅聚焦于中国西南周边国家（老挝、缅甸、越南和柬埔寨四国）的美元化问题，并结合当前正在推进的人民币国际化，以人民币跨境流通为视角，探讨中国西南周边国家美元化对人民币跨境流通的影响，这对当前推进的人民币国际化具有一定的现实指导意义，但限于时间、精力和能力，难免存在若干不足，主要体现在如下三个方面：

（1）美元化缘起于拉丁美洲货币替代问题，如巴拿马、厄瓜多尔等国，从而拉美国家美元化与东南亚国家美元化是否存在异同，本质区别是什么等关键问题尚未得到充分和细致的解答，本书亦未做全面系统的比较研究，实乃重大缺憾。因此，对中国西南周边国家美元化的分析仅以动因、历程与现实为逻辑思路进行展开，缺乏与其他拉美国家的深入比较，从而其特征与发展趋势有待进一步斟酌。

（2）人民币跨境流通的估算存在偏差。由于人民币在境外流通统计和监测困难，特别是对每个周边国家人民币存量的监测和统计，难度很大，因而不存在官方完整的统计资料，多数均是估计和推测的数据。但是，推测估计的数据所依据的方法不同而各有不同，且只能做整体估计。因此，本书基于贸易、投资数据测算的人民币境外流通量也仅是大概估计数，并不能完全有效代表人民币在中国西南周边四国的跨境流通规模，因而其偏差的纠正需要获得更多资料后才能不断更正与更新。

（3）在实证研究方法上，由于截面个数较少，同时也可能存在美元化和人民币跨境流通的反向因果关系，单一因果关系的检验欠充分。在稳健性检验上，由于缺乏较多可得数据，美元化的测度指标难以使用其他可量化的指标进行代替（如外币贷款占总贷款比重、外币存款占总存款比重等），从而亦无法实施较为完整的稳健性检验。因此，本书的结论仅是基于所得样本回归结果得出的一系列推测，其合理性和正确性还有待在获得较为全面、丰富的数据、正确识别因果关系的基础上再做更全面的检验。

基于上述三大潜在不足，为本书后续进行深入研究提供了有效指引，力求填补遗留空白，分别是：第一，增加对拉丁美洲美元化与东南亚美元化的比较分析；第二，增加对相关实体部门，如人民银行、商务厅、海关、商业银行等部门的访谈、调查，追加人民币在周边国家境外流通调研，掌握人民币在西南周边国家流通的一手数据，以为后续研究提供坚实、可靠的基础材料；第三，尽量查找中国西南周边国家中央银行网站、国际货币基金组织（IMF）网站，以及国外（英文）专著、论文资料，收集更多关于美元化的度量指标，以改进本书实证研究方法，保证实证研究结果的稳健性。

第二章

美元化与人民币跨境流通的基本理论

美元化的本质是不同国家货币的竞争与替代，即外币通过竞争部分替代或完全替代本币的职能。人民币跨境流通的目的不是"美元化"，人民币跨境流通与美元化具有显著差异，但可能受美元化的影响而致使流通和使用规模下降，在"去美元化"政策效果有限的情势下，中国西南周边国家的"人民币化"远未到来。

第一节　美元化的基本理论

一、美元化的概念解析

根据美元化所使用的目标币种，分为狭义美

元化和广义美元化。狭义美元化是指美元化的目标币种仅仅是美国的货币——美元，如厄瓜多尔、巴拿马和萨尔瓦多等国，使用美元作为本国法定的流通货币。广义美元化是指美元化的目标币种是任意一种外国货币的美元化，也即使用外国货币作为本国法定货币而流通使用。美元化并不意味着放弃本国货币，如果放弃本币而用美元代替本币执行货币的各项职能，那就是完全美元化。

按照国际货币基金组织（IMF）经济学家巴林诺的定义，美元化是指一国居民在其资产中持有相当大一部分的外币资产（主要是美元）[①]。张宇燕（1999）认为，美元化内涵包括三个层次：事实美元化、过程美元化和政策美元化。事实美元化是指作为一种事实，美元已经在世界各国发挥重要作用。而过程美元化是指作为一种过程，美元在美国境外的货币金融活动中已经越来越重要。政策美元化则是作为一种政策，一国或经济体政府使用美元代替本国的货币并最终放弃货币金融主权的行动[②]。

事实美元化和过程美元化是一种民间的、自发的美元化概念，因而不涉及政府层面的政策制定。而政策美元化其实就是一种官方美元化，即官方规定使用外国货币替代本国货币，从而放弃货币金融主权的过程，因而也属于广义美元化的范畴，其实质是由"特殊"的货币替代。一般来说，除少数国家的货币具有替代它国货币的职能外[③]，目前主要还是以美元居多。

---

① 根据巴林诺等（Baliño et al., 1999）的研究，若一国外币存款占广义货币的比重高于30%，则该国就可以被称为"高度美元化"的国家；反之，若一国外币存款占广义货币的比重低于30%，则该国就可以被称为"中度美元化"国家。具体参见：Monetary Policy in Dollarized Economies, https://www.imf.org/external/pubs/nft/op/171/。

② 这里要注意的是，美元化和货币替代的异同。货币替代是指用外币部分或全部替代本币执行计价单位、交换媒介、价值储藏和支付手段的职能。货币替代范围比美元化广泛，而美元化是直接的货币替代制度，货币替代是美元化过程的最后阶段。

③ 如欧元、澳大利亚元、新西兰元和瑞士法郎，甚至已经退出历史舞台的法国法郎、德国马克等。

二、美元化的类别

根据 IMF 和众多国内外文献的研究（刘志梅，2007），美元化至少包括三大类别，分别是非官方美元化、半官方美元化和官方美元化。

（一）非官方美元化

非官方美元化意味着外币没有得到本国政府的许可，也没有正式的法律规定，政府法律规定唯一法偿货币是本币。但是，在某些地区或微观经济主体中，某一特定的外国货币已经显著地被国内居民所广泛接受，在特定地区流通和使用，替代了本国货币的基本职能。非官方美元化是该国居民、企业等市场主体的自发选择行为，其导源于该国经济状况持续恶化、通货膨胀居高不下，汇率大幅贬值，导致本国居民对本币失去信心，这时会激起国内居民放弃使用本币，转而使用那些币值坚挺而又普遍接受的国际货币。

（二）半官方美元化

在半官方美元化的情形中，本国政府既保留本国货币作为第一法偿货币，而且也允许某一特定的外国货币作为第二法偿货币，实现本国货币和外国货币同时流通和使用。

半官方美元化通常持续时间不长，它是一个从非官方美元化向官方美元化过渡的特殊阶段，而且由于两种货币同时流通，一方面带来货币政策执行困难，另一方面也会导致国内居民、企业等对本币使用程度的下降，因而会使得两种货币同时流通使用逐步转向使用另外一种货币，即外国货币。这既是因为本国货币竞争力弱，居民对本币信心不足所致，也是由于外国货币具有足够的吸引力，大家均普遍接受和使用。因此，半官方美元化仅是一个特殊的过程，最终可能演化成官方美元化。

（三）官方美元化

进入官方美元化后，政府通过法律规定将某一特定的外国货币（通常是美元）作为本国唯一的法偿货币，完全放弃本国货币和替代本国货币的所有职能，因而也称为完全美元化①。在一个完全美元化的国家，政府放弃了货币自主权，没有完整意义上的中央银行（中央银行的最后贷款人职能无法发挥），也不存在本币汇率及汇率政策问题，也无本国的其他货币政策，这些国家有巴拿马、波多黎各、利比里亚、厄瓜多尔、萨尔瓦多、危地马拉等。官方美元化是美元化的最高形态②，其意味着一国货币当局使用外汇储备购买美元，或将其出售给商业银行来保证它们之间的收支平衡。

从操作层面讲，官方美元化可细分为单边美元化与双边美元化。单边美元化，即是实施美元化的国家在不与外国政府（美国）签订任何协议的情况下让外币（美元）替代本币。双边美元化，指要实施美元化的国家与外国政府（美国）签订双边协议，建立一个两国都必须遵守的体系和规则。一般来说，美元化国家希望从美国那里获得更多美元现金（或美元优惠贷款），共同享受美国的货币金融政策。但事实上，美国对美元化国家则毫不关心，因而往往是美元化国家的一厢情愿，而且双边美元化也无先例，主要是单边美元化。

实行单边美元化的国家人口规模较小、经济实力较弱。相对而言这些国家发行本币的成本可能较高，因而它们甘愿放弃本国货币政策的独立性而选择美元化，以此换取币值稳定与资金流动（陶士贵、徐琳，2020）。美元是较为稳定的强势货币，实行美元化有利于这些弱小国家稳定宏观经济的运行。

---

① 美元化程度指标有二种：一是外币存款占 M2（总存款）的比重，用以衡量外币资产对本币资产的替代程度；二是流通领域中的外币持有量占流通货币总量的比重，用以衡量外币对本币的替代程度（刘洪钟、张郑家，2011）。

② 此外，官方美元化还存在中级和初级形态。中级形态是指本币发行需要十足的美元准备，美元与本币维持固定比价（其实就是货币局制度），初级形态指本币单一钉住美元的汇率制度。

三、美元化的成本与收益

（一）美元化的收益

美元化的收益，概括起来，大概有四个方面：

（1）美元化将大大降低该国的外汇交易成本与风险，保持了汇率的稳定。币值的稳定将有利于发展对外贸易和吸引外国投资，从而推动美元化国家经济与世界经济的融合发展，增强该国的竞争力，促进国内经济效率的提高。

（2）美元化能够有效降低通胀和通胀预期，在那些饱受通胀之苦的国家，促进金融中介迅速恢复功能，稳定该国的社会经济，合理配置本币与外币之间的优化格局。

（3）美元化将会为美元化国家带来严格的金融纪律，从而有助于防止人为的经济扭曲和货币扭曲导致的经济膨胀，进而为该国经济的长期稳定发展创造良好的环境，有利于促进该国经济发展。

（4）美元化还能有助于国内金融市场的稳定，有利于促进金融深化（金融发展）。美元化国家的金融机构注重提高自身业务水平和增强竞争力，增强与境外机构的合作能力、美元外币存款和管理能力，促进本国金融深化发展。美元化还能助益于美元化国家的国内市场和国际市场的一体化发展，防止资本大量外流。

（二）美元化的成本

美元化是一枚硬币的两面，既有收益，也会带来成本。具体来说，美元化的成本主要表现在四个方面：

（1）美元化的经济体将会失去独立的货币政策自主性和退出选择。由于使用的外币，汇率政策工具就无法使用，当该国遇到不对称的"外部冲击"时，则无法采取有针对性的政策措施加以应对，实施货币政策的空间及效果有限，因为在完全美元化下，本国货币不复存在，利率和汇率的变化完全取决于美国，根本不存在用本国货币政策调节的问题。在不完全美元化下，由于民间大量使用美元，且本币盯住美元，因而无论使用利率或汇率调节国内经济，都必不可少受美元的牵制，而无法发挥效果。

（2）美元化经济体的中央银行无法发挥对商业银行最后贷款人作用，从而减弱了对银行体系的救助和控制能力。这是因为，美元化弱化了该国中央银行职能，特别是货币发行权的丧失，中央银行不可能通过增发货币对困难银行进行紧急救助，通过稳定银行体系来稳定本国的经济，而只能通过财政政策来调节和控制经济。相反，美元化经济体只能求助于外国或持有超额外汇储备的方式对商业银行进行救助，但其救助效果和强度较弱，难以对困难商业银行实施有效的救助，从而不利于本国银行体系的稳定。

（3）美元化的经济体将会失去铸币税收入。由于本国货币不存在或发行较少，该国就不能通过货币发行方式获得铸币税收入和现有储备资产的利息收入，而且流通中的本币减少也带来了直接的本币存量损失、流通损失。因为，美元化后，货币当局不得不向公众和银行购买其存储的本币，最终将铸币税返回给银行。特别是当危机发生时，美元化国家可能面临资金短缺、经济下行、资本外逃等风险，金融体系由于缺乏有力的保障而陷入困境。

（4）美元化将会带来紧缩效应。在不完全美元化经济体中，由于本币的实际收益率低于外币的实际收益率，资金就会由本币转向外币以期获得保值，导致本国居民的国内消费支出下降，总需求萎缩。而且，美元化伴随着通货膨胀（货币贬值）而发生，因而使用本国货币购买外币金融资产的能力下降，导致将本国货币的购买力转移到外币购买力，即使用外币购买，从而在一定程度上减少了对本币的需求，增加外币需求，致使国内经济面临严重萎缩。此外，美元化还会恶化该国的经常项目和资本项目，导致国际收支出现大幅逆差。高度美元化还会诱发金融危机，降低该国经济政策的有效性。

那么，美元化的收益和成本，到底孰大孰小呢？这需要精确的度量才可能做出科学判断。即使面临若干成本，一些拉丁美洲国家和地区也放弃了本国货币，改为使用美元作为他们国家的法定货币，而且还保持了良好的经济增长速度（孙丹，2015）。所以，并不是所有国家都可以实施美元化政策①，只要有利于该国社会经济稳定和人民福祉，任何制度都可能付诸实施。

（三）美元化的发展趋势

从当前世界经济格局来看，美元化的发展趋势至少有两个方向：一是实施美元化的经济体继续保持美元化；二是部分经济体，特别是不完全美元化的经济体考虑"去美元化"或加速"去美元化"。

（1）部分国家继续"美元化"。美元化制度的一个重要缺陷在于一旦实行美元化就基本上很难退回到原来的货币制度，也即美元化具有不可逆的特点。因为人们不用担心本国货币崩溃的发生，一旦本国货币崩溃就会采用外国货币进行替代，而且对外国货币的信心比本国货币强，外国货币具有比本国货币较好的支付能力和接受情况。因此，在一些完全美元化的国家，退出美元化制度可能不太现实，而且还可能导致该国宏观经济的不稳定，所以唯一的选择就是继续实施美元化政策。对这些国家而言，长期美元化可能利大于弊。

（2）部分经济体"去美元化"。"去美元化"是指在国际外汇储备、国际支付结算、金融交易等领域，以其他一种或多种国际货币替代美元原有作用和地位的过程。2008 年全球金融危机爆发后，对国际货币体系改革的呼声不

---

① 这里涉及美元化适用范围的问题，一般来说，一个经济体是否适用于美元化，主要是看：该国是否高度依赖美国经济；是否经历过恶性通货膨胀，对本币失去信心；是否与美国经济高度一体化。

绝于耳，尤其是对美元的诟病日渐甚嚣尘上。美元霸权的存在并没有解决许多发展中国家以及发达国家的经济问题。特别是在严重依赖美元，以美元作为第二法偿货币的发展中国家并没有得到实在惠果，因而掀起了"去美元化"的浪潮，首当其冲的是石油出口国宣布不再采用美元对石油进行计价，转而采用欧元、人民币等新兴货币进行计价，一时间"去美元化"的呼声传遍世界①。2018年，俄罗斯、伊朗和中国等加速"去美元化"，以使自己免受使用美元的后果影响。其中，俄罗斯制定了完整的"去美元化"策略，推行包括减少美元直接使用、降低美元在外汇储备中的比例、大幅抛售美国国债、拓展非美元融资、增持黄金、建立本国的支付系统和金融信息交换系统等措施。

（3）东南亚部分国家普遍美元化。虽然"去美元化"呼声正高，但实质进步却少。在一些不完全美元化的国家，出台许多政策都无法真正摆脱对美元的依赖，国内美元流通使用如常，发挥着"第二货币"作用，这些国家的外汇储备90%以上均是美元，在日常居民、企业交易中也使用美元。例如，东南亚国家中的柬埔寨、老挝、缅甸三国，美元是这些国家的第二货币，而且受国内居民的普遍接受和使用，特别是在柬埔寨，其美元存款占比高达80%以上，该国实施的"去美元化"的政策效果始终有限，这与"美元化"的不可逆性和美元强大的网络外部性密切相关。

（四）美元化的一个简单理论模型

在不完全美元化的国家中，由于通货膨胀高企，不得不允许美元在国内流通使用充当本国的"第二货币"，实际上是对该国货币职能的部分替代，因而通货膨胀率高低可以看成是美元化产生的重要原因之一。因此，我们可

---

① 一般来说，"去美元化"的驱动因素，包括：第一，全球政治经济发展格局的变化；第二，国际双边和多边经贸协议的签订与执行；第三，地缘政治的紧张局势；第四，国际资本和信贷市场的加剧变化；第五，新兴经济体降低美元风险敞口等。

从居民的持币动机视角考察通胀率对居民持有外币的影响，从而间接探讨美元化的形成原因。

在一个小型的开放经济体中，假设居民持有外国货币是为了购买商品或是进行资产配置，该代表性居民从外汇市场中通过交易获得外汇，除持有外国货币外，居民还持有外国债券，二者完全替代，则代表性居民的生命周期效用函数为：

$$U_t = \sum_{s=t}^{\infty} \beta^{s-t} \left\{ u(C_s) + v\left[\frac{M_s}{P_s} + g\left(\frac{\varepsilon_s M_{F,s}}{P_s} \right) \right] \right\} \quad (2.1)$$

式（2.1）中，M_F 表示外国货币的持有量，其实际本国货币价值为 $\frac{\varepsilon M_F}{P}$，$\varepsilon$ 为汇率，并且 $g\left(\frac{\varepsilon M_F}{P} \right) = \alpha_0 \left(\frac{\varepsilon M_F}{P} \right) - \frac{\alpha_1}{2} \left(\frac{\varepsilon M_F}{P} \right)^2$，这里 $1 - \beta < \alpha_0 \leqslant 1$，$\alpha_1 > 0$。

个人预算约束由于持有外国货币而发生了改变，代表性居民的预算约束为：

$$B_{t+1} + \frac{M_t}{P_t} + \frac{\varepsilon_t M_{F,t}}{P_t} = (1+r)B_t + \frac{M_{t-1}}{P_t} + \frac{\varepsilon_t M_{F,t-1}}{P_t} + Y_t - C_t - T_t \quad (2.2)$$

式（2.2）中，T 表示支付给政府的一次性付清的净税收，r 为国际市场的实际利率，B 表示外国发行的债券的国内私人持有量。

假设 $(1+r)\beta = 1$ 和购买力平价成立 $P_t = \varepsilon_t P_t^*$，则在式（2.2）的约束下，最大化代表性居民的一生效用函数式（2.1），得到关于债券和本外币的一阶条件：

$$u'(C_t) = u'(C_{t+1}) \quad (2.3)$$

$$\frac{1}{P_t} u'(C_t) = \frac{1}{P_t} v'\left[\frac{M_t}{P_t} + g\left(\frac{M_{F,t}}{P_t^*} \right) \right] + \frac{1}{P_{t+1}} \beta u'(C_{t+1}) \quad (2.4)$$

$$\frac{1}{P_t^*} u'(C_t) = \frac{1}{P_t^*} v'\left[\frac{M_t}{P_t} + g\left(\frac{M_{F,t}}{P_t^*} \right) \right] g'\left(\frac{M_{F,t}}{P_t^*} \right) + \frac{1}{P_{t+1}^*} \beta u'(C_{t+1}) \quad (2.5)$$

将式（2.4）两边乘以 P_t^*，式（2.5）两边乘以 P_t，然后将式（2.3）

代入式（2.4）和式（2.5），得到：

$$g'\left(\frac{M_{F,t}}{P_t^*}\right) = \frac{1 - \beta \dfrac{P_t^*}{P_{t+1}^*}}{1 - \beta \dfrac{P_t}{P_{t+1}}} \tag{2.6}$$

结合 $g\left(\dfrac{\varepsilon M_F}{P}\right)$、$P_t = \varepsilon P_t^*$ 和式（2.6），可得到外国货币的需求函数方程：

$$\frac{M_{F,t}}{P_t^*} = \frac{1}{\alpha_1}\left(\alpha_0 - \frac{1 - \beta \dfrac{P_t^*}{P_{t+1}^*}}{1 - \beta \dfrac{P_t}{P_{t+1}}}\right) \tag{2.7}$$

结合通货膨胀的计算公式，式（2.7）可以进一步写为：

$$\frac{M_{F,t}}{P_t^*} = \frac{1}{\alpha_1}\left(\alpha_0 - \frac{1 - \beta \dfrac{1}{1 + \pi_{t+1}^*}}{1 - \beta \dfrac{1}{1 + \pi_{t+1}}}\right) \tag{2.8}$$

式（2.8）表示，如果该国的国内通胀率充分高于国外通胀率，那么该国的居民个体将会选择持有外国货币，由此产生货币替代问题，至少是部分替代。如果两国通货膨胀率大致相等，则该国居民持有或不持有外国货币无差异，这视居民是否参与境外交易而定；如果该国的国内通胀率低于国外通胀率，那么为了保值和增值，该国居民通常会选择持有价值相对稳定的国内货币。

从参数角度来看，如 α_1 比较小，那么通货膨胀率差值的微小变动可能导致外国货币使用的巨大震荡。例如，假设 $\alpha_1 \in (0, 0.5)$，$\alpha_0 = 0.75$，$\beta = 0.98$，$\pi_{t+1}^* = 2.5\%$，$\pi_{t+1} = 10\%$，那么在 α_1 值较小的情况下，实际外国货币余额越大，反之越小，数值模拟结果如图2.1所示。

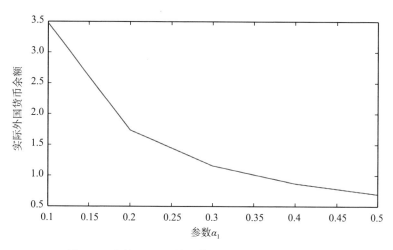

图 2.1　参数 α_1 不同值下的实际外国货币余额变动

完全美元化条件下，由于本币不再是必需的，因而扩大了自我强化的本国价格上升的范围。若考虑汇率变动的影响，本币汇率贬值将会使居民提高持有外国货币预期，如果汇率稳定，则持有外国货币与否并无显著差异。因此，居民是否选择持有外币，不仅与货币价值稳定有关，还与货币的相对价格有关。

第二节　人民币跨境流通的基本理论

一、人民币跨境流通的基本内涵

伴随着双边贸易、投资和人员往来，人民币跨境流通规模显著增加。人民币跨境流通，简单来讲，即是人民币在与中国接壤的周边国家边境上流通和使用，发挥着当地货币的一些功能。突破边界来看，人民币跨境流通则是指人民币在境外的流通。后者范围比较大，而前者仅包含在边境地区。人民币跨境流通与人民币国际化密切相关，因此，本质上可以看成人民币区域化、区域国际化的另一种表述。

按照人民币国际化的路线图"周边化—区域化—国际化"的发展路线来看，人民币跨境流通则是人民币国际化的开端，其在周边国家和地区的流通使用，说明人民币已经得到当地居民一定程度的承认（姜波克、张清龙，2005），虽然这种跨境流通具有民间自发的性质，但它充分表明市场选择的结果，是人民币国际化的一个良好开端，也是人民币逐步国际化的早期试验（李婧等，2004）。

二、人民币跨境流通的演变历程

新中国成立后，人民币跨境流通经历了试验、起步、初级和发展四个阶段（杨小平，2005），总体表现为人民币跨境流通从限制到扩大，境外流通规模从零到上百亿元的增长态势。

（一）试验阶段（1949~1979年）

在这期间，人民币出入境经历了由禁止到逐步放开的过程。新中国成立初期，人民币禁止出入境，1954年开始对人民币出入境实行限额管理，但是由于对外交往较少以及边贸活动的中断，事实上这段时间人民币很少流出境外。

（二）起步阶段（1980~1989年）

1979年实行改革开放后，我国与周边地区的边境贸易陆续得到恢复，并呈快速发展的趋势。据商务部统计，1982~1987年我国边境贸易额累计为1.5亿美元。1988年4月，国务院出台了《关于黑龙江省对苏联边境贸易和经济合作问题的批示》，赋予边境贸易 8 条优惠政策。1987 年国家规定公民携带人民币出入境的限额为 200 元。在这个阶段，边境地区的人员交往不断增加，边民互市逐步开展，人民币跨境流动才逐渐增多。

（三）初级阶段（1990～2005 年）

随着对外开放的不断扩大，国家出台了一系列政策，促进了我国边境省区与毗邻国家的边境贸易及经济技术合作的快速发展，并由此带动了货币跨境流动的扩大，人民币开始突破边境地区，流动范围和流动规模逐渐扩大。

1990 年在北京举办亚运会期间，国家曾将人民币出入境限额调至 2000元。1993 年 3 月 1 日限额调整到 6000 元，2005 年 1 月 1 日调整到 20000 元。

1992 年国务院颁布了《关于进一步积极发展与原苏联各国经贸关系的通知》，对原苏联各国、原东欧国家及朝鲜、蒙古、越南、老挝等国家开展的包括边境贸易在内的易货贸易给予特殊的优惠政策，原则上放开商品进出口，取消配额和许可证管理，对进口商品实行进口关税和增值税减半征收。

2003 年 3 月，国家外汇管理局颁布了《关于境内机构对外贸易中以人民币作为计价货币有关问题的通知》，正式明确境内机构签订进出口合同时可采用人民币进行计价。

2003 年 10 月，国家外汇管理局颁布了《边境贸易外汇管理办法》，明确了在边境地区可以用人民币和毗邻国家货币进行贸易计价结算和进出口核销，从而为边境地区的货币跨境流动创造了更宽松的条件。

2004 年 1 月 1 日，国家开始在云南省进行边贸人民币出口退税试点，10月 1 日将退税率由 70% 调整为 100%。2005 年 7 月，实行人民币汇率形成机制改革，进一步提高了人民币汇率弹性。

（四）发展阶段（2006 年至今）

2006 年以后，特别是 2007 年美国次贷危机爆发后，为顺应国际经济形势，国家出台了一系列促进人民币国际化的政策。2009 年 4 月启动跨境贸易人民币结算试点，2010 年扩展到 20 个省区市、跨境贸易人民币结算的境外地域扩展到所有国家和地区，2011 年 3 月将人民币跨境使用和资本项目可兑换写入"十二五"规划纲要，从此人民币跨境流通和使用的范围不断扩宽。

人民跨境流通使用范围的真正扩大起始于跨境贸易人民币结算，起初只是经常项下货物贸易，现已逐步向服务贸易和企业对外投资使用推广，目前人民币跨境流通使用已经全面推广到对外贸易、跨境投融资、金融交易等涉外经济活动，人民币跨境流通规模不断扩大，如图 2.2 所示。

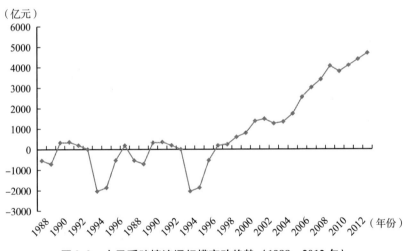

图 2.2　人民币跨境流通规模变动趋势（1988～2012 年）

资料来源：刘方等（2015）。

图 2.2 中显示，1988 年以来，我国人民币跨境流通规模由负流出转向正流出，特别是在 1997 年以后，人民币跨境流通规模不断增加，2013 年已经达到 4697 亿元，流出规模达到历史之最。

另外，据钱圆圆和沙文兵（2018）的研究发现，人民币跨境流通量从 2015 年第二季度起，到 2016 年末这段时间大幅下降，降幅达到 14.82%。人民币跨境流通规模在此期间大幅下降主要原因有：一是2015年8月的人民币汇率形成机制改革放宽了资金流出限制，加剧人民币币值波动性，市场信心受到极大影响，贬值预期强化；二是中国贸易结算仍然以美元或欧元结算为主，货币使用惯性短期难以消除；三是2015年12月，美联储加息，导致中国短期资本流出压力增大，人民币汇率遭受贬值压力，信心下挫。另外，2016年10月，人民币加入特别提款权（SDR）后，市场预期更加明朗，人民币境外流通规模止跌回升，人民币国际化程度亦不断提升。

三、人民币跨境流通的主要导因

人民币跨境流通既有历史原因、也有经济原因，而且跨境流通规模不断增大（或回潮后又不断提高），既体现了人民币跨境流通的历史因袭，也极大彰显了现代中国经济发展带来币值稳定的有力推动。

（一）历史原因

主要归结于古代中国各时期与周边国家跨境通商往来的历史延续。这可追溯至中国古代秦汉时期及其以后各个朝代铸造的钱币或是发行的纸币以官方和民间贸易的方式流入周边国家。

以越南、老挝和缅甸（北部）三国为例。秦汉时期到10世纪中叶，越南作为中国封建王朝的一部分，史称郡县时代的"安南"。在此期间，越南与中国是君臣关系而长期使用中国政府发行的方孔钱，主要有秦朝的半两钱、西汉的五铢钱、王莽钱、东汉的五铢钱以及唐朝的开元通宝。10世纪中叶，越南开始建立第一个王朝——丁朝，并开始造铸造货币，由于数量少，在中越官方和民间贸易往来中，仍使用中国的金、银以及此时宋朝的钱币。到元代时期，越南北部主要流通中国元代的纸钱，明清两朝时期中国货币主要在民间广泛流通。

中国钱币最早在唐朝时期进入老挝，当时主要是"开元通宝"，以"朝贡贸易"和民间贸易的方式进入老挝境内；宋朝时期，鉴于大理国与老挝交流频繁，宋钱也一直在中老边境流通；元朝时期，大理国被消灭，元朝又重新开始与老挝的官方贸易，元朝纸币也因此流入老挝，并可在老挝境内使用；明朝时期，中国与老挝的关系全面发展，中国钱币大量流入老挝；清朝时期，老挝商人经常到中国内地贸易，而且在老挝境内，清朝钱币仍可以作为商品交换的媒介。

根据史书记载，东汉时期中国钱币已流入缅甸，而在唐宋时期，中缅两国贸易使用贝币、金银和中国钱币。到元明时期，元代纸币逐渐流入缅甸，清朝初期至 20 世纪 40 年代，即使缅甸已沦为英国殖民地，但中国钱币仍在缅甸北部流通。除此之外，中国唐、宋、元、明、清各时期的货币都已在泰国、马来西亚、菲律宾、印度尼西亚和文莱等东盟国家流通。

（二）经济原因

人民币跨境流通从根本上说是我国不断扩大开放程度，广泛参与国际经济交往，综合国力日益提高的必然结果。一方面，人民币在周边国家和地区一定范围的跨境流通，反映出我国经济实力不断增强，商品供应能力不断提高的事实，以及双边经济融合的客观需求（李东荣，2003）。这种双边经贸合作的不断深化和人员往来的迅速增加，也为人民币在周边国家的流通、使用提供了实物载体，从而有效地推动人民币在境外的流通。另一方面，中国经济的繁荣发展，人民币币值的稳定及与周边国家和地区贸易规模的不断扩大，增强了非居民使用和持有人民币的信心，人民币成为受欢迎的流通手段和资产形式，从而更大规模地带动了我国人民币的"走出去"。由于处于两国边境上，人民币的跨境流通还可能通过一些非法活动，如走私、贩毒、贪污、洗钱等流通到境外。

（三）周边国家政府的默许态度

除了历史和经济两方面的因素外，人民币跨境流通既与中国和周边国家接壤优势，形成天然的跨境流通之地，也与周边国家政府对边境地区货币管控的默许态度有关。边境地区存在丰富的旅游资源，人文交流、探亲旅游等多样化形式丰富。为促进边境贸易和旅游发展，周边国家和地区政府一般对人民币在边境地区的使用持默许态度，一般把人民币作为一种普通的外币①，不做特殊管制。

虽然，人民币能够在边境地区广泛流通和使用，但是在周边国家内陆地区却很少流通②，原因可能是：一方面，人民币还没有得到周边国家政府的许可，尚未出台相应的法律规定，在周边国家的银行也很少能开立人民币存款账户，也不能取现，因而人民币在周边国家的流通基本是在民间（或叫地下钱庄）进行；另一方面，由于人民币还不是国际普遍使用的货币，自由可兑换性有限，从而也决定了其在这些国家内陆使用率较低③。

四、人民币跨境流通的关键途径

中国内陆边界线与 15 个国家接壤，东北、西北、西南三个区域分布着大大小小的公路口岸、铁路口岸和水运口岸，这些口岸是实现中国与边境国，乃至域外其他国家对外贸易和技术交流的重要通道，同时也伴随着人民币的跨境流出和流入。人民币跨境流通主要有四种渠道。

---

① 人民币在边境两国流通的可能原因还在于民族认同，同一民族愿意使用共同货币。

② 如老挝、缅甸政府规定，人民币不能进入边境地区 20 公里以外的地区，在 20 公里以内则可以自由流通和使用。

③ 在周边国家的内陆地区，虽然人民币不能正常使用，但是在"货币兑换点"是可以兑换人民币，而且由于有中资企业、中资金融机构的布点，人民币也有少部分使用，但只是在华人之间。

（一）边境贸易的进口支付

近年来，随着中国与周边国家经贸交流密切频繁，边境地区贸易也呈快速发展之势。在边境贸易中，90%以上均是采用人民币进行结算，从而实现人民币的跨境流出，主要形式可划分为边境小额贸易、边民互市以及边境经济技术合作的进口支付流出，这其中又以边境小额贸易规模较大。以云南省为例，2005年以来，云南省边境贸易进出口不断增加，边境贸易进出口占全省进出口的11%左右（见表2.1）。

表2.1　　　　　云南省边境贸易、国际贸易进出口额比较　　　单位：亿美元

年份	边境贸易		国际贸易	
	出口	进口	出口	进口
1997	0.42	0.32	11.72	7.65
1998	0.89	0.42	11.74	7.30
1999	2.32	0.56	10.34	6.25
2000	2.78	0.78	11.75	6.38
2001	2.30	1.16	12.44	7.45
2002	2.31	1.37	14.30	7.97
2003	2.53	1.66	16.77	9.91
2004	3.09	2.15	22.39	15.09
2005	3.86	2.69	26.42	20.97
2006	4.65	3.11	33.91	28.40
2007	5.68	4.43	47.36	40.44
2008	5.72	6.29	49.87	46.12
2009	7.07	5.54	45.17	35.05
2010	9.88	7.47	76.06	57.62
2011	12.16	7.88	94.73	65.80
2012	13.95	7.54	100.18	109.87

续表

年份	边境贸易		国际贸易	
	出口	进口	出口	进口
2013	18.47	14.87	159.59	98.70
2014	21.97	14.00	188.02	108.20
2015	16.75	8.16	166.26	79.01
2016	17.51	11.96	115.82	84.17
2017	19.32	14.90	114.30	119.64
2018	19.23	13.52	128.12	170.83
2019	20.18	10.90	150.22	186.70

资料来源：历年《云南统计年鉴》。

（二）境内居民境外旅游和探亲消费

随着我国居民收入水平的提高，境外旅游、探亲和购物等成为时尚，境内居民出境旅游人数和境外消费能力不断提高，从而直接带动人民币的跨境流通，其主要方式包括出境缴纳的关费、随身携带的人民币现金、境外旅游消费（包括吃、住、行、购物等方面）支付[1]。

（三）境外投资、项目承包等人民币直接投资流出

伴随我国经济实力的不断提高，境内许多国有企业纷纷"走出去"，在境外设立建厂，或是直接投资当地，从事木材加工、采矿、水电、基础设施、房地产、替代种植、酒店等众多方面的投资，从而带动人民币的境外流通。特别是在周边国家资源禀赋丰富，但缺少资金开发时，中国企业的进入可以部分缓解困境。值得注意的是，以投资名义出去的人民币，由于境内外结算

---

① 值得注意的是，除非该国允许（或个体愿意接受人民币支付）可采用人民币进行支付，否则都会通过货币兑换所兑换成该国通用货币，甚至兑换成美元，才能支付相应费用。

系统的不对接，可能需要在国内将人民币兑换成美元，再将美元转换出去，因此在这种形式下，人民币并没有真正走出去。

（四）边境地区的地摊银行结算

鉴于历史因素，边境地区的"地摊银行"发展较快，即使"地摊银行"有其非法的一面，但对于边境两国的资金结算、汇兑发挥了重要作用。特别是，"地摊银行"汇兑便捷，手续简单，量大量小随意、汇率便宜等特点，使得双边居民或企业在进行货币兑换、结算时往往愿意找"地摊银行"，从而经"地摊银行"流出境外的人民币资金不在少数。

在边境贸易中，由于金额小、交易频繁、手续简单的特点，加之开展边境进出口贸易的是小微企业，它们往往资金实力弱、财务会计制度不健全，在办理边境贸易结算业务时往往遇到商业银行严格审批，未能提供各种有效证件及财务资料，按照银行要求的正规手续进行资金办理，从而无法满足商业银行更高和更烦琐的结算条件。因而，"地摊银行"得益于交易过程简单、方便、快捷的优势，正好满足边贸小企业和个人的资金周转和流动性需求，所以边境地区的企业和个人都倾向于通过"地摊银行"进行货币兑换。

在地下钱庄开展的银行业务当中，只要是"地摊银行"能做的，包括货币兑换、贸易结算、代理支付、短期融资以及交易担保等，地下钱庄全都可以做，有的地下钱庄还发放日利率高达10%的高利贷。一方面，地下钱庄掌握汇率优势，汇率合适的时候就做，不合适就暂停，收益稳定，风险可控，开展货币兑换业务时只赚取汇差，不收取手续费，交易灵活快捷、手续便利、且形式多种多样，使得资金跨境结算更加顺利；另一方面，由于其交易过程的隐蔽性，更容易使非法资金跨境流通猖獗。因此，地下钱庄既有其存在的合理性和必要性，也存有不可小觑的金融安全隐患，但在结算业务尚不健全、中小企业结算需求旺盛、银行服务烦琐的情况下，通过地下钱庄进行结算或汇兑依然持续。

五、人民币跨境流通产生的正负面影响

（一）人民币跨境流通的有利影响

人民币跨境流通，既增进了边境贸易的便利性，提高国内企业投资的积极性，又有效地促进了境内外居民消费的动力，从而拉动经济增长（刘方等，2015）、有助于"双循环"新发展格局。

1. 促进边境贸易发展

人民币跨境流通，提高了贸易的便利化。若进出口产品以人民币计价、结算则可以降低企业交易成本，促进企业产业升级，激励企业生产更多的出口导向型产品，从而增加贸易顺差，有力地促进经济增长。在跨境贸易方面，规避汇率风险最好能够采用本币计价、结算，这是因为既可以使进出口商免去不必要的支出成本，又便于出口商对国外进口商提供本币的出口信贷，从而进一步提升出口竞争力。而且，伴随中国经济实力的不断提升、贸易顺差的扩大，必然使人民币趋向升值通道，此种情况下的国外出口商也乐于接受人民币计价、结算，从而提升人民币在国际贸易中的重要性，增大与贸易国的贸易规模和经济总量。

2. 促进国内投资扩大

人民币跨境流动在促进边境地区贸易投资发展同时，由于交易成本及汇率风险的降低，有力地鼓励了国内大批具有比较优势的企业"走出去"进行海外直接投资，从而助益于提高本国对外直接投资规模。对外投资的发展，既能打破某些大国的贸易控制或干涉，又能巩固和扩展本国的海外市场，保

障和扩大本国诸多资源的海外渠道。并且随着海外投资的扩大，必将带动人民币大规模的跨境流通，促进海外投资与海外贸易的快速发展，增强我国在国际贸易中的主动权、控制权和话语权，提升我国的国际贸易、投资的地位及实力。

从境外非居民角度看，境外居民持有的人民币资金若通过一定渠道（如 QFII）购买我国股票、债券（如香港人民币离岸市场发行的"点心债券"）及其他投资品种，不仅会增加自身财富配置多样性，而且还能有效地促进人民币离岸市场的发展，提高人民币回流量，能够有利于经济增长。

3. 提升国内外居民消费便利化

人民币的跨境流通使人民币在周边国家和地区成为计价、结算货币，甚至在一些国家已经替代它国货币成为主要交易货币，这就便利了境内、境外居民旅游和消费。境外居民可以在原居住国将本币兑换成人民币，从而直接携带人民币入境旅游、探亲或访问，国内居民亦可以携带人民币到境外旅游、探亲或访问，人民币跨境流通带来的这种内外联通，增加了境内外居民消费的便利性，进而增强人们消费欲望和产品需求，一定程度上能够刺激国内总需求，从而带动经济增长。

4. 有利于推动人民币国际化进程

人民币在周边国家的跨境流通，对加强中国与周边国家经济金融合作，构建一个以人民币为主导货币之一的东亚经济圈的战略构想，会形成直接的促进作用。特别是在"一带一路"倡议的实施过程中，通过与"一带一路"沿线国家的经贸金融合作，可以构建"一带一路"人民币经济圈，而这些都需要人民币的跨境流通，都将会成为人民币国际化的先导。

5. 获得人民币铸币税收入

在人民币大规模跨境流通的过程中，随着境外非居民对人民币需求的增加，中国中央银行不得不增加人民币的供给，而增加人民币流动性的最简单方式就是开动印钞机，直接提供大量的人民币现钞，再通过国内金融体系的创造，流通至境外，所以在向境外提供大量人民币流动性时，央行实际上能够获得收益不菲的铸币税收入，即人民币发行收益。

（二）人民币跨境流通的不利影响

人民币跨境流通不仅会为那些非法活动提供便利，而且还会对其他方面产生不利影响。在此仅就货币政策、汇率政策、汇兑结算、国际资本流动等进行分析，其余不再赘述。

1. 减弱货币政策的有效性

人民币跨境流通规模的显著增大，必然增加境外人民币投资回流需求，国际资本就会选择多种渠道进出中国资本市场，若采取扩张性货币政策，实行低利率时，既增加国内货币供应量，又将部分投机资本挤出到国际市场，引起本币贬值、引发国际市场的资产泡沫和通胀；若采取紧缩性货币政策，国内加息政策会扩大国内外利差，诱使国际套利资本争相涌入国内市场，增大本币升值压力，而且低境外利率使境内利率有下降压力，从而影响货币政策的有效性，调控效果甚微。

2. 降低汇率政策的有效性

人民币跨境流通必然增强国内货币当局稳定币值的预期，即必须竭力维持人民币币值的稳定，承担稳定币值的责任。一是人民币贬值将损害人民币在周边国家流通中所形成的良好声誉，使国外居民不愿再持有人民币而选择其他货币，迫使其退出在他国的流通；二是人民币贬值亦导致持有人民币计价资产的投资者的资产缩水，出于逐利性考虑，投资者将会选择抛售人民币资产，增持其他币值较为稳定，而又以该货币计价的资产，这不利于维持人民币投融资市场的发展；三是若国内经济出现波动时面临调整汇率政策，则有可能会损害他国利益，因此，通过实施汇率政策影响经济增长的渠道就会受到不同程度的影响，从而降低汇率政策的灵活有效性。

3. 增大汇兑结算的风险

在人民币跨境流通的周边国家中，尚未形成一个成本较低、规模较大的境外人民币兑换市场，导致境外企业在选择人民币结算时有可能面临两种困难：一是缺乏人民币来源而无法用人民币支付，主要指仅从中国进口而不对中国出口的国外企业；二是拥有人民币却无法花掉人民币，主要指仅向中国出口而不从中国进口的国外企业，这样就存在人民币跨境流通中的汇兑结算风险，因为人民币在"时间和空间"的误置，加上汇率的变动不居，可能增大贸易结算的不确定性、增加汇兑成本，从而降低进出口企业选择人民币结算的意愿和动力，一定程度上降低了贸易活动效率，进而对经济增长产生不利影响。

4. 增强套利资本的跨境流动

随着人民币跨境流通规模的显著增大、境外存量的不断增多，在受境外利率较低、经济前景黯淡等多重因素的影响下，境外投机者便将持有的大量资金兑换成人民币，通过一定的直接投资或证券投资渠道投资于国内资本市场获取套利。然而，中国经济出现的"新常态"则会刺激投机者形成中国经济下行、人民币贬值的预期，为了投资收益和资金安全反而转向撤走所有的投资，引起"羊群效应"，导致金融市场阵痛不已、风险积聚，从而使经济增长更为乏力。

第三节　美元化视角下的人民币跨境流通

一、美元化与人民币跨境流通层次不同

在完全美元化的经济体中，外国货币（主要是美元）已经是完全取代了本国货币，成为该国唯一法偿货币，国内流通和使用的货币是美元。在不完全美元化国家中，美元是这些国家的第二法偿货币，而且得到该国政府允许，法律上有明文规定。虽然本国货币仍存在，但是美元等外国货币的大量使用，也会使本国居民更为偏好外国货币。在低层次的美元化经济体中，只是保有充足的以美元为标价的储备资产，或是规定本国货币严格盯住美元，这时的本币还未被替代，本币仍是主要的、唯一的法偿货币。

人民币跨境流通，虽然带有"货币替代"性质，但其流通和使用的深度、范围仍不及美元的层次深广，影响宽泛，因而不能称为"人民币化"，仅属于一种跨境货币而已。人民币在中国西南周边国家跨境流通也仅限于边境地区的非居民和居民之间进行的零星日常商品的买卖所发生的两国货币交换和价格标价和支付。

在一些周边国家中，人民币自由流通和兑换并未得到政府允许，法律也未规定人民币的合法性，在除边境地区外，内陆地区较少流通和使用人民币，银行体系根本不接受人民币存款和贷款，日常人民币的需求和供给则通过"地下钱庄"予以满足。因此，人民币跨境流通要充当境外国家的主要接受货币，与美元、欧元相比，仍然差距较大，而且其所处的层次仍较低。

二、人民币跨境流通的目的不是"美元化"

人民币跨境流通并不是要达到像美元那样充当境外某一国家的法偿货币，达到如美元那样的"美元化"程度。这是因为，一方面，人民币在境外的可接受度有限，人民币资本项目并未完全开放，人民币自由兑换程度仍有待提高；另一方面，人民币跨境流通和使用并不是想取代它国货币，"入侵"别国的"货币主权"，而是通过人民币的流通和使用，通过货币合作的形式便利双边贸易、投资，以此达到汇率风险规避目的，采取的是双边"共赢策略"，而非"零和博弈"。

因此，无论人民币跨境流通地域范围是否仅限于边境，人民币在短期内均达不到替代它国货币的能力，除非该国自愿放弃本币，全面使用人民币。否则，"人民币化"不可能很快到来。这也充分说明，人民币在周边国家（或地区）实现区域化需要走很长的路，人民币在区域甚至国际上被普遍接受还需要很长时间。

三、美元化可能抑制人民币的境外流通和使用

如果中国西南周边国家均有不同程度的美元化，即在半官方美元化和官方美元化的周边国家，人民币跨境流通后，要想与美元争夺第二法偿货币或唯一法偿货币地位，则人民币的跨境流通会受到严重阻碍。货币竞争的结果往往是"强者进，弱者退"，人民币的竞争力还远不及美元。

在人民币还不能完全挑战美元时，人民币在中国西南周边国家的流通也仅仅是在边境地区而已，主要用于小额边贸、边民互市等日常、零星交易。至于大额交易则可能要换成美元，或是使用境外国家的本国货币，从而降低了人民币在境外流通规模大量增加的可能性。

在人民币跨境流通和使用范围逐步向内陆延伸，逐步得到中国西南周边国家政府的认可时，人民币和美元的竞争将会加剧，甚至还会影响人民币在该国的流通和使用。因为，该国由于美元使用频繁、范围广泛、网络外部性强，对于人民币的介入，境外非居民则会根据其以往的支付习惯使用美元，而不乐意接受其他货币，同时对人民币的信心仍抱有怀疑。所以，宁愿使用美元也不会使用人民币，从而逐渐降低对人民币的需求，进而慢慢地促使人民币退出该国市场①。

---

① 当然，这里没有考虑到我国境内居民到境外旅游、探亲、消费，带动人民币境外流通的情况。

第三章

中国西南周边国家美元化的
发展历程与特征

第一节　老挝、缅甸美元化的
诱因、历程与现实

一、老挝、缅甸美元化的诱因

（一）内因

老挝、缅甸国内的通货膨胀或者说其基普、缅元的贬值是引起老挝、缅甸部分美元化的根本原因。一国通货膨胀和货币的贬值不仅引起本国货币丧失部分功能，而且也会导致本国消费者和厂商对本币失去信任，继而转向其他的货币需求。

从 20 世纪 80 年代初到 90 年代末，老挝通货膨胀率波动较大；21 世纪初，老挝通货膨胀率趋于稳定。1975 年，老挝开始发行基普，先后于 1975 年和 1979 年快速贬值，两次迅速贬值使老挝民众对基普失去信心。此后，进入 80 年代后老挝国内经济再次经历几次通货膨胀，基普再次出现大幅贬值，其通货膨胀率从 1997 年的 19.49% 上升到 1999 年的 128.39%[1]。

老挝基普的快速贬值，国内经济处于严重通货膨胀，美元兑基普的汇率从 1997 年的 1∶2634.5 上升至 1999 年的 1∶7600。其中，2005 年的货币贬值最为严重，达到 1 美元兑 10376.5 基普[2]。老挝本国经济亦处于不稳定状态，其汇率也处于波动状态。通货膨胀和汇率剧烈波动使老挝民众对基普失去信心，开始寻找其他稳定货币，以保障自身资产的安全和增值。

20 世纪 60 年代初，缅甸国内的银行、企业被国有化之后，政府开始负责管理国有企业，并依赖于印钞来解决财政赤字危机，结果引发了 50% 的通货膨胀率。从 1997 年到 21 世纪初，缅甸通货膨胀率一直处于剧烈波动中，2002 年又迅速窜至 58.07%，其国内经济成长亦不稳定，2004 年之后，除在 2007 年、2008 年的经济危机时期，其国内经济状况稍做平缓。

进入 21 世纪后，缅甸经济逐渐改善。这种早期国内严重通货膨胀和汇率贬值进一步削弱民众对缅元的信心，继而促使人民寻找作为硬通货的美元来保障自身货币的安全。

---

[1] 刘方，苏益莉. 云南毗邻国家美元化的诱因、步骤和现实选择 [C]//Proceedings of 2018 5th International Conference on Social Science and Humanity（ICSSH 2018）（Advances in Education Research，VOL. 121）. Information Engineering Research Institute Press，2018：606－611.

[2] 老挝中央银行网站，http：//www. bol. gov. la/en/inder。

（二）外因

从外部因素看，主要有三个外部诱因。首先，美国对美元化的态度：举足轻重。从成本收益角度，虽然美国在介入调整其他美元化经济体的经济失衡中会投入一定的人力和物力，但美国从美元化中也得到的收益大于成本。例如，巨额铸币税收入，还有美元境外流通和使用带给美国的半永久性无息贷款等，基于收益大于成本考虑，美国对美元化持积极态度。从其他方面考虑，美元化提高了美国在美元区内至高的领导地位，且美元化程度越深，其在美元区的影响越根深蒂固。其次，美元作为全球储备货币和贸易结算货币的地位也加速了美元化的进程。最后，老挝、缅甸国内的经济环境和经济政策也是决定其美元化的重要因素。

二、老挝、缅甸美元化的历程

（一）交易功能被替代期间

美元替代一国本币的交易媒介功能主要表现在一国市场内既有本币也有美元作为流通货币，两者共存的货币体系形成半官方美元化或双货币体系。缅元、基普的交易媒介功能被替代是形成美元化的主要过程。当货币的其他功能——价值储藏、价值尺度等功能实现时，最终实现美元替代本国货币在国内的部分或全部流通的交易媒介功能，从而完成了"美元化"进程。

缅甸除设立外汇兑换柜台外，为加强与邻国的贸易活动，政府曾批准在克伦邦、掸邦等缅泰边贸口岸自由使用缅元、美元、泰铢等货币进行结算。此外，在缅泰边境地区设立的缅甸经济银行分行也可接受泰铢、美元等外币的开户工作。缅甸采取"去美元化"措施前，美元在缅甸的地位几乎和缅元一样，各行各业都可用美元进行支付和结算。

老挝使用外币有着较长的历史。20 世纪 60 年代末至 70 年代初的动荡中，由于大量外国人的涌入，使美元在老挝国内广泛流通，老挝民众日常交易开始使用美元。1997 年，老挝出台一项强制性规定：基普作为老挝国内交易的唯一交易媒介。这一规定不但没有阻止大量美元流入，反而加速了基普和泰铢的贬值，国内民众仍持有美元进行日常交易和价值储藏。随着美元化的推进，美元起初作为安全货币被老挝居民所持有，进一步又转变成担当价值尺度功能货币，以致在老挝各行各业自由流通、进行支付交易和结算，最终实现了美元化。

（二）价值尺度功能被替代期

本币价值尺度功能被美元替代主要表现为：国内部分企业采用美元作为记账本位币；国内外贸企业的货物和服务贸易合同、租赁合同等采用美元计价签订；企业高管的薪酬制度与美元挂钩；工人工资和价格商品均与美元挂钩联动。缅甸政府为了使本国货币升值，采取"本国货币结算制度"措施"去美元化"，缅甸经济银行也接受缅元、泰铢以及美元开设账户。美元、外汇券以及缅元均可作为标价货币。

缅甸虽然法律明文规定，只有被授权后才能接受美元现钞，但在实际中，诸多经济主体都很乐意接受美元。美元也因此成为缅甸国内民众最受欢迎的货币。随着美元替代缅元的价值尺度功能，加之缅甸居民开始存储和依靠能降低通货膨胀的安全货币，缅甸众多企业也选择以美元为计价和价值储藏货币，以获取更多的利润和货币增值。老挝本币为基普，其国内存在多种货币（基普、泰铢、美元）共同流通，国内民众也广泛使用外币进行交易、支付以及价值储藏等。

（三）价值储藏功能被替代期

货币有三个功能：计价单位、交易媒介和价值储藏。缅甸早在 1948 年就开始拥有外汇储备为 0.8 亿美元，并一直处于稳定状态，1995 年外汇储备达到 5.6 亿美元，2000 年后，缅甸央行的外汇储备呈现快速增长趋势，2013 年达到 81.9 亿美元，2020 年下降至 72.24 亿美元[①]。老挝在 1975 年成立中央银行，但其外汇储备从 1990 年才开始出现，相比缅甸，老挝的外汇储备一直缓慢增长，除了在 2006～2008 年期间，其外汇储备迅速增加，2008 年之后，呈现缓慢变化趋势[②]。正是美元货币价值的稳定性，使得美元依然是缅甸、老挝的主要外汇储备货币。

三、老挝、缅甸美元化的现实

（一）老挝美元化的现实

美元、泰铢在老挝可以流通使用。在老挝中央银行的货币统计中，除老挝基普外，其余货币均是外国货币。以外币存款占（M2）的比重表示美元化程度，2008 年第四季度以来，老挝外币存款占 M2 之比呈显著下滑趋势，一直维持在 40%～50%；2013 年后，该比值从 41% 上升到 2017 年第二季度的 48%，呈现明显的上升趋势，2019 年底上升到 49.35%，预计 2020 年也将会超过 50%。从图 3.1 不难看出，外币存款占比的缓慢上升，也归结于在老挝外币存款的增加。

[①] CEIC 数据库，https://www.ceicdata.com/zh - hans/indicator/myanmar/foreign-exchange-reserves。

[②] 老挝中央银行网站，http://www.bol.gov.la/en/index。

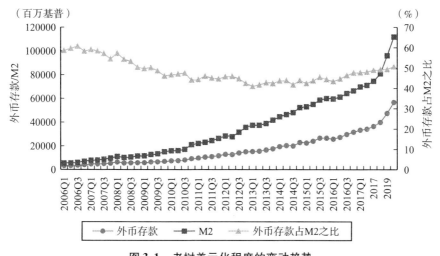

图 3.1 老挝美元化程度的变动趋势

资料来源：老挝中央银行网站《货币统计报告Ⅱ（2017）》《年度报告（2020）》，其中，2017～2020 为年度数据，而且 2020 年是预测数据。

因此，老挝美元化程度虽然属于中等，但困于没较好的"去美元化"政策，或因政策执行效果有限，使得老挝保持了相对稳定的外币流通和使用量。

（二）缅甸美元化的现实

在缅甸北部边境，人民币基本可以自由流通和使用，但从北往南，深入缅甸内部，人民币较少接受和使用，美元、缅元基本是缅甸国内的法定通货。根据库伯（Kubo，2017）的研究，缅甸国内的外币存款（FCD）从 2001 年的 8.5% 经过几年的缓慢下降和上升后，2011 年上升到 15.5%，2012 年下降到 9.9%[①]。由于缅甸的外币存款不计算在 M2 口径内，所以使用外币存款占 M2 之比可能存在较高的偏差。若将外币存款考虑计算在 M2 口径，那么在 2007 年外币存款占 M2 之比达到 41.8%，外币存款占总存款之比达到

[①] Kubo K. Dollarization and De-dollarization in Transitional Economies of Southeast Asia ［M］. Springer, 2017.

66.5%，其美元化程度与老挝相当，甚至略低于老挝。

第二节　柬埔寨美元化的诱因、历程与现实

一、柬埔寨美元化的诱因

（一）根本原因

与其他转轨国家不一样，柬埔寨美元化并不是由于 20 世纪 90 年代宏观经济不稳定和通货膨胀波动导致美元化的增加。在表 3.1 中，1998～2007 年柬埔寨经济增长率保持在高位水平，但是其通货膨胀率并不太高，最高时（2005 年）为 5.9%；预算赤字率也处于合理区间，最高也仅到 6.7%。但是，柬埔寨外商投资额却呈显著增长态势，2007 年已经达到 82 亿美元。与此同时，美元化程度由最初的 54% 上升到 82%。可见，美元化程度提高的主要原因并不是通货膨胀和经济不稳定。

表 3.1　　　　　　　1998～2007 年柬埔寨部分经济金融指标

年份	GDP 增长率（%）	通货膨胀率（%）	预算赤字率（%）	外商直接投资（百万美元）	外币存款占 M2 比率（%）
1998	5.0	12.6	5.5	121	54
1999	12.6	0.0	3.9	144	60
2000	8.4	0.5	5.3	112	68
2001	7.7	0.3	6.6	142	70
2002	6.9	3.3	6.4	139	69
2003	8.5	1.2	6.7	74	69

续表

年份	GDP 增长率 （％）	通货膨胀率 （％）	预算赤字率 （％）	外商直接投资 （百万美元）	外币存款占 M2 比率（％）
2004	10. 0	3. 8	4. 6	121	71
2005	13. 5	5. 9	3. 4	375	71
2006	10. 8	4. 7	3. 0	475	75
2007	9. 6	5. 6	3. 2	820	82

资料来源：门龙（Menon，2008）。

柬埔寨美元化并不是柬埔寨政策选择的结果，而主要是因为经济体对瑞尔和政府制定的政策失去信心。历史根源于柬埔寨的战乱和动荡，致使政府宏观经济管理不当，同时接受大量国外援助的后果（Menon，2008；何曾、梁晶晶，2015）。

（二）主要导因

高度的美元化使得柬埔寨丧失有效的货币汇率政策，降低官方国际储备和铸币税（Zamaróczy & Sa，2002），因此柬埔寨一直尝试"去美元化"，力图恢复居民对瑞尔的信心。但是"去美元化"的效果不甚理想，美元化在柬埔寨一直持续的原因可能是：

（1）金融体制改革滞缓，以瑞尔计价的资产较少。以金融机构为例，柬埔寨面临重建金融机构体系而不是试图改造金融机构体系的挑战，金融机构大量的低效贷款皆是由于其弱小的信贷风险评估能力、不可得和不可信的借款者信息以及缺乏有效的金融契约执行力引起的，以上这些因素也同时依赖于柬埔寨法律体制、人力资本和各种风险评估体系的完善。

（2）大量美元的使用产生了"路径依赖"。由于历史原因，柬埔寨美元的大量使用已经形成网络外部性，交易和支付"惯性"导致路径依赖。换句话说，要想使用其他货币替代美元变得相当困难，这促使美元化过程难以

"逆转",也暗含着柬埔寨如若推进"去美元化"将是一个长期过程。

（3）政府控制美元使用的失败。20 世纪 70 年代末，由于经济和金融体系遭到破坏，公众对持有美元的信心增强。之后在重建经济和进行金融体系改革的过程中，越来越多的居民开始使用美元进行交易，并且使用美元的网络外部性逐渐出现、形成和强化。

但是，在这个过程中，柬埔寨政府并没有出台任何限制美元使用的政策，包括在外汇市场上购买和销售美元，使用美元进行转移支付和国际清算，以及限制美元资本的流动，从而促进了美元在柬埔寨的大量使用和网络外部性的不断扩张。

二、柬埔寨美元化的历程

1953 年，柬埔寨摆脱法国殖民统治宣告独立后，经历了短暂的稳定与和平时期。1970~1975 年，柬埔寨发生战乱和社会动荡，经济和金融制度遭到系统性破坏，柬埔寨银行体系和瑞尔均被废止[①]，中央银行关闭。1980~1989 年，柬埔寨重建国家银行，瑞尔再次成为国家法币，但由于对经济管理失当，以至于限制美元和泰铢使用的效果甚微，通货膨胀高企和瑞尔大幅贬值导致柬埔寨民众仍然对瑞尔的信心不足，加之受动荡的社会和经济形势影响，柬埔寨民众纷纷将瑞尔兑换成黄金和美元，此时的美元化程度相对有限。

20 世纪 80 年代末期，柬埔寨开始逐步开放边境贸易，恢复与西方国家的经济交往，逐步从计划经济向市场经济转型。1991~1992 年间，联合国柬埔寨临时权力机构（UNTAC）在柬埔寨成立，给柬埔寨带来了约 17 亿美元的巨额流入，约相当于当时柬埔寨国内生产总值的 75%。大量的国外援助和私人转移都使用美元，加上经济形势的不确定性，导致柬埔寨累积了大量美元外币，美

---

① 门龙（Menon，2008）认为，柬埔寨美元化是其经济和金融制度遭到系统性破坏的遗产。

元化程度达到新高,从 1990 年的不足 10% 上升到 1992 年的 26.3%。

三、柬埔寨美元化的现实

受累于历史因素和金融体制改革滞缓形成的美元使用惯性,已经极大地推高了柬埔寨美元化程度。1992 ~ 1995 年分别是 26.3%、38.8%、51.8%、56.4%(Lay et al., 2010),比同一时期的乌拉圭、玻利维亚、秘鲁都还要低(Baliño et al., 1999)。

1995 年柬埔寨的外币存款只有 15 亿美元,而到了 2000 年已经增加到 40 亿美元。在 1998 年 6 月,柬埔寨美元化程度不足 55%,到 2007 年 12 月末,已经上涨到 82% 左右(Lay et al., 2010)。

2007 ~ 2009 年,柬埔寨美元化程度略有下降,从 2007 年 12 月末的约 82% 下降到 2009 年 12 月末的 78.6%,下降了约 3.4 个百分点,如图 3.2 所示。但是,2010 年以后,美元化程度开始上升,其间(2012 年 1 ~ 3 月)经

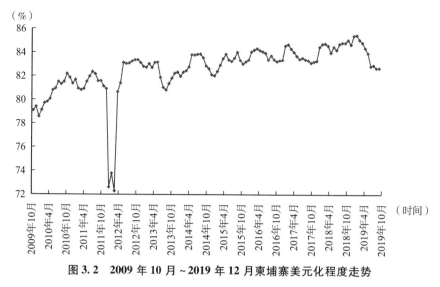

图 3.2 2009 年 10 月 ~ 2019 年 12 月柬埔寨美元化程度走势

资料来源:柬埔寨国家中央银行,Economic and Monetary Statistics。

历大幅回落后又反弹升至84%左右，2019年8月开始后下降至82%左右，美元化程度仍然较高。

第三节 越南美元化的诱因、历程与现实

20世纪60年代，美元开始在越南流通。越南于1975年统一后，政府曾禁止居民使用美元，美元化现象不是特别明显。20世纪80年代，越南开始进行经济体制改革，促使越南盾兑美元汇率持续下滑，汇率贬值，加上通货膨胀严重，促使本国居民失去信心，开始转而使用美元，美元化程度不断上升。

一、越南美元化的诱因

越南美元化是越南国家经济改革导致的经济恶化，是通货膨胀高企、本币贬值的后果。

20世纪80年代，越南经济开始由计划经济转向市场经济，国内却面临通货膨胀高企局面。1986～1988年，越南国内生产总值增长率平均为3.8%，而通货膨胀率在1986年高达398.07%。越南政府为解决高通货膨胀问题，颁布了一系列措施，包括放松对国有企业管制、允许国有企业开设外币账户；规定1个新币可以兑换10个旧币的货币改革方案。然而，越南货币改革效果不理想，反而加重了该国的通货膨胀程度。

通货膨胀高企使越南本国居民对越南盾失去信心，居民纷纷将手中的越南盾兑换为黄金以及美元，美元化现象在越南逐渐扩散。1993～1995年通货膨胀率约16%，经济增长率在1995年达到了9.54%[①]。1998年和1999年，

---

① 世界银行发展指标数据库（WDI）。

受亚洲金融危机的影响，越南通货膨胀率回调，经济发展也受到影响。国内生产总值增长率从 1995 年的 9.54% 下降到了 1999 年的 4.77%，此后至 2007 年越南国内的物价水平以及经济增长率均比较稳定。

2008 年全球金融危机也对越南国内经济发展造成很大影响，具体表现为 2009 年国内生产总值增长率为 5.4%，2010 年有所提高（见图 3.3）；2008 年的通货膨胀率达 23%，是 1993 年以来的最高值，并在 2015 年下降到 0.6%。2008 年全球经济危机后，为了保证国内经济的稳定和发展，越南采取了一系列措施但效果并不特别明显。2020 年受新冠肺炎疫情的影响，越南国内生产总值增长率降到 2.9%，通货膨胀轻微上浮，达到 3.2%，通货膨胀处于合理水平。

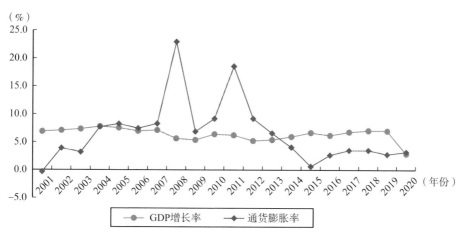

图 3.3 历年越南通货膨胀率及经济增长率趋势

资料来源：亚洲开发银行，Key Indicators Database。

二、越南美元化的历程

20 世纪 60 年代起，美元在越南已经和越南盾同时流通了。在越战期间（1955～1975 年），美元在越南南部居民中大量使用和储藏。1963 年 7 月越南政府曾禁止美元流通。

越南的美元化真正产生于经济改革的过程中。20 世纪 80 年代至 90 年代初，越南爆发了严重的通货膨胀，越南盾兑美元汇率大幅下降，极大地打击了居民对越南盾的信心，他们开始大量持有黄金、美元等资产，喜欢使用美元作为支付方式。大部分耐用消费品，如摩托车、收音机、电视等都用黄金和美元计价。外汇的配额制也促使黑市增加了对居民和企业的外币供应量。

此时，越南经济经历了"美元化"和"黄金化"时期，美元和黄金充当支付中介和价值储藏，但并没有进入银行体系。随着越南经济改革的深入，以及对外汇管制的松散，美元和越南盾利差不断扩大、大批外商投资流入为越南提供以美元为主的资金来源，从而提高了美元在越南的流通使用和外债水平，美元化程度在 1991 年达到 41.2%。

三、越南美元化的现实

1989～1991 年，越南美元化程度加深并在 1991 年达到顶峰，约为 41.2%；随后在 1992 年直线下滑至 30.3%。1993～1996 年美元化程度小幅波动、趋势较为平稳。亚洲金融危机的爆发使越南盾不断贬值，居民更愿意持有美元或者黄金进行交易，促使越南 1997～2001 年美元化程度不断上升，2001 年达到 31.7%[1]。

2002 年后，越南美元化程度逐渐下降，这是越南政府采取诸多实际行动"去美元化"的结果。例如，限制外汇在越南国内使用、禁止以外币对进口货物进行标价或进行交易等规定。从绝对数量上看，越南外币存款总体呈上升趋势。2016 年 7 月～2017 年 1 月，外币存款增速普遍为负，2017 年 5 月后，外币存款逆势上升，2019 年外币存款增长率达 13.85%[2]。尽管总量在增

---

① 翻氏皇英，Thi Hoang Anh Pham，2017。

② 越南中央银行年度统计报告 2019。

长，但其美元化程度却不断减轻（2018 年降至 8.16%，2019 年降至 8.09%），2008 年后基本在 20% 以下，其中，2012～2015 年均为 11.75%，2007～2011 年均为 19.14%[①]，可见越南美元化程度已经变得较轻。

第四节　中国西南周边四国美元化的特征比较

一、美元化的共同与差异性诱因

在中国西南周边国家中，老挝、缅甸美元化的根本原因主要是居民对本币失去信心，加之国内通货膨胀高企，从而导致居民选择美元作为日常交易和价值储藏的重要货币。柬埔寨和越南美元化则是因国内动荡引发本国货币改革失败，促使居民信心大跌，同时金融体制改革（币制改革）不顺，政府宏观经济管理不善，经济形势恶化，通货膨胀高企，本币对美元汇率大幅贬值，加剧了美元对本币的替代程度，美元化程度的不断攀升。

二、美元化的发展趋势各自不同

随着西南周边国家通货膨胀率的下降，各国均出台了若干"去美元化"政策，但效果却大相径庭，分化趋势明显。柬埔寨、老挝和缅甸效果甚微，越南由于政府强制性金融改革，收效较好。柬埔寨已经成为高度美元化国家，美元化率达到约 84%，而老挝、缅甸则居于中间，属于中度美元化国家；越南美元化程度较低，近年来已经降到 10% 以下[②]，属于低度美元化国

---

①　越南国家银行经济与金融统计年报。
②　翻氏皇英，Thi Hoang Anh Pham，2017。

家（见表3.2）。

表3.2 　　　　　　　　　　中国西南周边四国美元化特征比较

国别	共同原因	差异性原因	演化趋势	主要动因	类别
老挝	通货膨胀高企	无	居中稳定（约50%）	去美元化成效弱	中度美元化
缅甸	本币信心下降本币大幅贬值				
柬埔寨	本币信心下降本币大幅贬值	国内动荡、币制改革失败、宏观管理不善	高企稳定（约84%）	去美元化成效弱	高度美元化
越南	本币信心下降本币大幅贬值	国内动荡	不断走低（约10%）	去美元化成效强	低度美元化

资料来源：笔者整理。

　　中国西南周边四国美元化发展趋势的差异性，不仅反映了各国在美元化政策取向方面的差异，而且昭显了美元在柬埔寨、老挝、缅甸等国根深蒂固的流通弊病，从而为人民币突围成为西南周边国家合法"硬通货"，进而成为推进人民币周边区域国际化的最大"绊脚石"。

第四章

中国西南周边国家美元化的国内宏观经济效应

美元化如何影响一国宏观经济呢？在高度、中低度美元化的经济体中，美元化的影响可能有所不同。具体表现为：美元化对该国产出、汇率、投资和消费、通胀等的影响具有显著差异。本章构建一个简化的动态随机一般均衡（DSGE）模型，使用老挝、柬埔寨、越南三国美元化和宏观经济变量数据，实证模拟分析美元化的国内宏观经济效应，借此说明美元化之利弊。

第一节　DSGE 模型的构建

参鉴邓肯（Duncan，2002）的研究，假设在一个部分美元化的国家中，家庭部门不仅持有本国货币，而且也持有外国货币同时也持有本国货币和外国货币计价的债券，货币当局决定利率规则，这些国家是一个开放的小型经济体。

一、家庭部门

假设家庭部门由具有代表性的代理人表示，并且假设其生命无限。他们可以选择消费 c_t、休闲 L_t、持有本国实际货币余额 m_t 和持有外国实际货币余额 m_t^* 来最大化自己的效用函数：

$$E_t\left\{\sum_{t=0}^{\infty}\beta^t\left[\log c_t + \log A_m m_t^{\phi_t} m_t^{*1-\phi_t} + \eta\log(1-L_t)\right]\right\} \tag{4.1}$$

式（4.1）中，E 表示期望算子；β 为时间偏好率（折现率）；A_m 表示与货币需求无关的因子（自主性需求部分）；ϕ 代表国内货币存款占广义货币的比重，其越小表示货币替代或美元化程度越高。假设其服从一阶自回归过程：

$$\ln\phi_t = (1-\rho_\phi)\ln\bar{\phi} + \rho_\phi\ln\phi_{t-1} + \varepsilon_{\phi t} \tag{4.2}$$

式（4.2）中，$\varepsilon_{\phi t} \sim N(0, \sigma_\phi^2)$，$0 < \rho_\phi < 1$。

由于家庭部门持有国内外货币和资产，因此它的预算约束则更为复杂，即：

$$c_t + i_t + b_t + b_t^* + m_t + m_t^* \leqslant (1-\tau_L)w_t L_t + (1-\tau_K)r_t K_t + \Psi(\pi_t)$$
$$+ T_t + \frac{m_{t-1}}{1+\pi_t} + \frac{(1+e_t)m_{t-1}^*}{1+\pi_t} + \frac{(1+R_t)b_{t-1}}{1+\pi_t}$$
$$+ \frac{(1+R_t)(1+e_t)b_{t-1}^*}{1+\pi_t} + D_{t-1} \tag{4.3}$$

式（4.3）中，下标 t、$t-1$ 表示时间，i 表示家庭部门的实际投资，b 和 b^* 分别表示国内、国外债券存量；τ_L、τ_K 分别表示劳动和资本收入所得税；w 为实际工资，L 为劳动时间；r 为资本租金率，K 为物质资本存量；$\Psi(\pi)$

为价格调整成本函数；T 为一次性转移支付额；π 为通货膨胀率，e 为名义汇率；R、R^* 分别表示国内外债券利率；D 表示企业利润。

相应地，家庭资本积累方程为：

$$K_{t+1} = (1-\delta)K_t + i_t \qquad (4.4)$$

式（4.4）中，δ 为折旧率。

将式（4.4）代入式（4.3），在式（4.3）的约束下，求式（4.1）的最大化问题。式（4.1）分别对 c_t、m_t、m_t^*、L_t、b_t、b_t^* 和 K_t 求一阶偏导数，并令其等于0，则有：

$$\frac{1}{c_t} - \lambda_t = 0 \qquad (4.5)$$

$$\frac{\phi_t}{m_t} - \lambda_t + \beta E_t\left(\frac{\lambda_{t+1}}{1+\pi_{t+1}}\right) = 0 \qquad (4.6)$$

$$\frac{1-\phi_t}{m_t^*} - \lambda_t + \beta E_t\left[\frac{\lambda_{t+1}(1+e_{t+1})}{1+\pi_{t+1}}\right] = 0 \qquad (4.7)$$

$$-\frac{\eta}{(1-L_t)} + \lambda_t(1-\tau_L)w_t = 0 \qquad (4.8)$$

$$-\lambda_t + \beta(1+R_{t+1})E_t\left(\frac{\lambda_{t+1}}{1+\pi_{t+1}}\right) = 0 \qquad (4.9)$$

$$-\lambda_t + \beta(1+R_{t+1}^*)E_t\left[\frac{\lambda_{t+1}(1+e_{t+1})}{1+\pi_{t+1}}\right] = 0 \qquad (4.10)$$

$$-\lambda_t + \beta E_t\lambda_{t+1}\left[(1-\tau_K)r_{t+1} + (1-\delta)\right] = 0 \qquad (4.11)$$

二、企业部门

在企业部门中，为了分析简便，我们假设不存在中间产品企业，只有生产最终产品的企业，而且其产品用于居民消费。同时，假设这些代表性企业采用规模报酬不变的生产技术，其生产函数设为柯布道格拉斯形式：

$$y_t = AK_t^\alpha L_t^{1-\alpha} \qquad (4.12)$$

式（4.12）中，K、L 分别代表物质资本存量和劳动力，α、$1-\alpha$ 分别是产出对资本、劳动的弹性，A 代表技术进步。

故企业在式（4.12）的约束下，实现利润最大化，如式（4.13）所示：

$$D_t = y_t - w_t L_t - r_t K_t - \Psi(\pi_t) \tag{4.13}$$

在式（4.13）中，分别对资本和劳动求一阶偏导数，得到一阶条件：

$$\alpha A_t \left(\frac{L_t}{K_t}\right)^{1-\alpha} = r_t \tag{4.14}$$

$$(1-\alpha) A_t \left(\frac{K_t}{L_t}\right)^{1-\alpha} = w_t \tag{4.15}$$

式（4.14）和式（4.15）表明，工资率和租金率等于劳动力、资本的边际生产率。

三、政府部门

政府部门既发行本国货币也发行本国债券，但对外国货币和债券无法管理，而且持有外国债券和货币，这同样会增加债券利得和存款利息。政府支出则包括政府购买和转移支付，因此政府部门的预算约束为：

$$g_t + T_t = \tau_L w_t L_t + \tau_K r_t K_t + m_t - \frac{m_{t-1}}{1+\pi_t} + m_t^* - \frac{(1+e_t)m_{t-1}^*}{1+\pi_t}$$

$$+ b_t - \frac{(1+R_t)b_{t-1}}{1+\pi_t} + b_t^* - \frac{(1+R_t)(1+e_t)b_{t-1}^*}{1+\pi_t} \tag{4.16}$$

式（4.16）中，g_t 为外生的政府支出，代表财政政策。

在本币和外币共同流通使用的经济中，即在部分美元化的经济体中，货币当局还可以对本国货币供给进行控制以及实施货币政策，只是货币政策效率相比非美元化情况时效果有所下降，甚至无效。根据邓肯（Duncan，2002）、刘方和丁文丽（2015），同时考虑汇率波动（Castro et al.，2004），将本国货币余额增长率、汇率引入利率反馈形式的货币规则中，有：

$$R_t = R_{t-1}^{\kappa_r} \left[\bar{R} \left(\frac{y_t}{\bar{y}} \right)^{\kappa_y} \left(\frac{u_t}{\bar{u}} \right)^{\kappa_u} \left(\frac{\pi_t}{\bar{\pi}} \right)^{\kappa_\pi} \left(\frac{e_t}{\bar{e}} \right)^{\kappa_e} \right]^{\kappa_w} e^{v_t} \tag{4.17}$$

式（4.17）中，$\bar{R}$ 为稳态时的国内利率，$\bar{y}$ 为稳态时的产出，κ_y、κ_u、κ_π、κ_e 表示利率产出缺口、实际货币余额缺口、通胀缺口和汇率缺口的反应系数，实际本币余额为 $u = M/P$，外生的货币政策冲击服从一阶自回归过程：

$$\ln v_t = (1 - \rho_v) \ln \bar{v} + \rho_v \ln v_{t-1} + \varepsilon_{vt} \tag{4.18}$$

式（4.18）中，$\varepsilon_{vt} \sim N(0, \sigma_v^2)$，$0 < \rho_v < 1$。

最后，市场出清时，总资源约束为：

$$y_t = c_t + i_t \tag{4.19}$$

第二节 对数线性化与参数校准

对称均衡时，对任意的时间 t，所有家庭和企业的决策都是一致的，且企业获得零利润。市场均衡时要求对任何的 t，都有 $m_t = m_{t-1}$、$b_t = b_{t-1}$、$R_t = R_t^*$。稳态时，所有变量均是常数。定义 $\hat{x} = \log x - \log \bar{x}$ 表示对其稳态值偏离的百分比，对数线性化上述模型。

一、对数线性化

我们将式（4.5）代入式（4.11）得到消费的欧拉方程：

$$\hat{c}_t = E \hat{c}_{t+1} - (1 - \beta + \beta \delta) \hat{r}_{t+1} \bar{r} \tag{4.20}$$

式（4.20）中，$\bar{r} = [1 - \beta(1 - \delta)] / [\beta(1 - \tau_K)]$ 为稳态时的租金率。

把式（4.5）代入（4.8）得到劳动力供给方程：

$$\hat{w}_t = \hat{c}_t - \frac{\bar{L}}{1 - \bar{L}} \hat{l}_t \tag{4.21}$$

式（4.21）说明，消费和闲暇的边际替代率等于闲暇的单位机会成本，其中 $\bar{L} = 1 - \dfrac{\bar{c}}{\bar{w}} \times \dfrac{\eta}{1 - \tau_L}$ 为稳态时的劳动力，$\bar{w}$ 为稳态时的工资率。

式（4.5）代入式（4.6）得到本国货币持有（需求）方程：

$$\hat{m}_t = \hat{c}_t + \phi_t - \frac{\beta}{1 - \beta}(E\hat{c}_{t+1} - \hat{c}_t) - \frac{\beta\bar{\pi}}{(1 - \beta)(1 + \bar{\pi})}\hat{\pi}_{t+1} \qquad (4.22)$$

式（4.5）代入式（4.7）得到外国货币持有（需求）方程：

$$\hat{m}_t^* = \hat{c}_t + \frac{\beta(1 + \bar{e})(\hat{c}_t - \hat{c}_{t+1}) + \beta e E\hat{e}_{t+1} - \dfrac{\bar{c}\bar{\phi}}{\bar{m}^*}(1 + \bar{\pi})\phi_t + \left[(1 - \bar{\phi})\dfrac{\bar{c}\bar{\pi}}{\bar{m}^*} - \bar{\pi}\right]\hat{\pi}_{t+1}}{1 - \beta(1 + \bar{e})}$$

$$(4.23)$$

式（4.23）中，$\bar{e} = \left[1 - \dfrac{\bar{c}}{\bar{m}^*}(1 - \bar{\phi})\right](1 + \bar{\pi})/\beta - 1$ 为稳态时的汇率，$\bar{c}$ 为稳态时的消费，$\bar{m}^*$ 为稳态时的外币持有额。

式（4.5）代入式（4.9）得到国内债券利率方程：

$$\hat{R}_{t+1} = \frac{1 + \bar{\pi}}{\beta\bar{R}}(E\hat{c}_{t+1} - \hat{c}_t) + \frac{\bar{\pi}}{\beta\bar{R}}\hat{\pi}_{t+1} \qquad (4.24)$$

式（4.24）中，$\bar{R} = (1 + \bar{\pi} - \beta)/\beta$ 为稳态时的利率。

同理，将式（4.5）代入式（4.10）得到国外债券利率方程：

$$\hat{R}_{t+1}^* = \frac{1 + \bar{\pi}}{\beta(1 + \bar{e})\bar{R}^*}(E_t\hat{c}_{t+1} - \hat{c}_t) - \frac{(1 + \bar{R}^*)\bar{e}}{(1 + \bar{e})\bar{R}^*}\hat{e}_t + \bar{\pi}\hat{\pi}_{t+1} \qquad (4.25)$$

式（4.25）中，$\bar{R}^* = (1 + \bar{\pi})/(1 + \bar{e})\beta - 1$ 为稳态时的国外债券利率。

中央银行的利率规则：

$$\hat{R}_t = \kappa_r\hat{R}_{t-1} + \kappa_w(\kappa_y\hat{y}_t + \kappa_u\hat{u}_t + \kappa_\pi\hat{\pi}_t + \kappa_e\hat{e}_t) + v_t \qquad (4.26)$$

对企业部门的生产函数进行对数线性化，有：

$$\hat{y}_t = \alpha\hat{k}_t + (1 - \alpha)\hat{l}_t \qquad (4.27)$$

式（4.14）和式（4.15）进行对数线性化有：

$$\hat{r}_t = (1 - \alpha)(\hat{l}_t - \hat{k}_t) \qquad (4.28)$$

$$w_t = \alpha(\hat{k}_t - \hat{l}_t) \qquad (4.29)$$

市场出清方程由式（4.19）和稳态值 $\bar{c}/\bar{y} = 1 - \alpha\beta\delta/[1 - (1 - \delta)\beta]$ 确定，有：

$$\hat{y}_t = \frac{\bar{c}}{\bar{y}}c_t + \left(1 - \frac{\bar{c}}{\bar{y}}\right)\hat{i}_t \qquad (4.30)$$

资本积累方程的对数线性化为：

$$\hat{k}_{t+1} = (1 - \delta)k_t + \delta\hat{i}_t \qquad (4.31)$$

实际货币余额增长率方程的对数线性化为：

$$\hat{u}_t = \hat{m}_t - \hat{m}_{t-1} + \hat{\pi}_t \qquad (4.32)$$

考虑在美元化国家，其美元化程度的提高可以促进国内市场和世界市场的一体化程度（Baliño et al.，1999）、降低国际金融交易的成本。故假设国内外利率之间满足无抛补的利率平价关系，对数线性化为：

$$\hat{R}_t = \hat{R}_t^* + E_t\hat{e}_{t+1} - \hat{e}_t \qquad (4.33)$$

外生冲击由式（4.2）、式（4.18）对数线性化可得：

$$\hat{\phi}_t = \rho_\phi\hat{\phi}_{t-1} + \varepsilon_{\phi t} \qquad (4.34)$$

$$\hat{v}_t = \rho_v\hat{v}_{t-1} + \varepsilon_{vt} \qquad (4.35)$$

这样式（4.20）~式（4.35）就组成了一个简单的线性 DSGE 系统。

二、数据来源

为保证采用的数据具有代表性、权威性和完整性，国内生产总值（不变价 GDP）、通货膨胀率（CPI）、广义货币供给量（M2）、汇率和一年期定期存款（R）等原始的数据综合来源于国际货币基金组织（IMF）的世界经济展望（WEO）、亚洲开发银行（ADB）《亚太地区关键指标（2016）》（*Key Indicators for Asia and the Pacific* 2016）和世界银行（WDI）。

柬埔寨外币存款数据则来自柬埔寨央行（NBC）的历年《经济与金融统

计》（*Economic And Monetary Statistics*）（样本期为 2009 年 10 月 ~ 2016 年 11 月）。老挝外币存款数据取自于老挝中央银行（BOL）历年《货币统计报告》（*Montary Statistics Report*）（样本期为 2006 第一季度 ~ 2016 第二季度），越南外币存款数据则来自 2001 年和 2008 年《国际金融统计》（样本期为 1995 ~ 2007 年）。除特别说明外，其余变量均是年度数据，时间跨度为 2000 ~ 2014 或 2000 ~ 2015 年。

三、参数估计和校准

根据实际数据和已有研究可对模型中的参数进行校准。具体地，我们以柬埔寨数据为例来说明参数的校准过程，老挝和越南类似，校准结果如表 4.1 所示。根据柬埔寨 2000 ~ 2015 年的一年期定期存款利率和年均 CPI 的变化率，将 β 校准为 0.9789，略高邓肯（Duncan，2002）设定的 0.976。邓肯（Duncan，2002）以投资占 GDP 比重的 10% 为稳态值，将资本的折旧率 δ 设置为 3.75%。

表 4.1　　　　　　　　　　　　　　参数校准结果

参数	柬埔寨	老挝	越南
α	0.57	0.44	0.44
β	0.9789	0.9760	0.9820
δ	0.0375	0.0375	0.0375
η	0.90	1.54	1.60
τ_k	0.25	0.25	0.25
τ_l	0.25	0.25	0.25
k_r	0.52	0.22	0.22

续表

参数	柬埔寨	老挝	越南
k_w	0.480	0.537	0.537
k_y	3.320	0.074	0.074
k_u	0.063	0.587	0.587
k_π	−0.0033	0.3960	0.3960
k_e	2.97	−0.282	−0.282
ρ_ϕ	0.75	0.35	0.59
ρ_v	0.93	0.93	0.93
σ_ϕ	0.0502	0.0251	0.0312
σ_z	0.0126	0.0126	0.0126
$\bar{w}$	2.1	2.1	2.1
$\bar{y}$	1	1	1
$\bar{c}$	0.9638	0.7343	0.7044
$\bar{\pi}$	0.045	0.071	0.072
$\bar{\phi}$	0.18	0.52	0.76
$\bar{m}^*$	0.82	0.48	0.24

注：①在求问题变量值时，我们将稳态时的产出标准化为1，并根据稳态时各变量的计算公式求出各国相应的稳态值。其中，由于数据所限，我们假设了三个国家的稳态工资相等（柬埔寨数据计算所得），老挝、越南的产出对资本弹性和折旧率采用邓肯（Duncan，2002）的值。②鉴于老挝数据缺乏较多，无法估计式（4.18），暂考虑用越南的数值代替，样本期为2000~2015年，估计式（4.17）时，样本跨度为1989~2010年。③外国货币持有额用外币存款占M2的比重表示。

运用柬埔寨2000~2014年不变价的固定资本形成总额和劳动力人数，估计式（4.12），参数 α 值为0.69，参考伯南克和古卡南（Bernanke & Gürkaynak，2001）、邓肯（Duncan，2002）、刘方等（2015）研究，将 α 值设定为0.57，利用均衡值求得 $\eta = 0.9$。

根据柬埔寨 2009 年 10 月~2016 年 11 月的外币存款占 M2 的比重（记为美元化指数 DI），计算本币存款占广义货币的比重（$1-DI$），然后运用 HP 滤波方法分离出其长期趋势作为稳态值并对式（4.2）进行估计，得出参数 $\rho_\phi = 0.75$，标准差 $\sigma_\phi = 0.0502$。

另外，再根据柬埔寨 2000~2015 年国内生产总值（GDP）、一年期定期存款利率、瑞尔兑美元汇率（平均值）、通货膨胀率（CPI 年均值）以及广义货币供给量（M2）对式（4.18）的参数进行估计，得到参数 $k_r = 0.52$、$k_w = 0.48$、$k_y = 3.32$、$k_u = 0.063$、$k_\pi = -0.0033$、$k_e = 2.97$。由于不能利用残差项估计式（4.18），因此根据邓肯（Duncan，2002）的研究，将参数设置为 $\rho_v = 0.93$、$\sigma_v = 0.0126$，同时将劳动和资本的税率拟合为 0.25。

第三节　数值模拟结果与分析

一、柬埔寨美元化的影响

柬埔寨的美元化程度较高，其对宏微观变量的影响存在显著差异。图 4.1 绘制了模型中经济变量对美元化和货币政策冲击的响应函数（时间跨度为 40 期）。我们假设冲击发生时美元化和利率初始增加一个标准差（1%），考虑到冲击过程的持续性，该冲击不仅在冲击发生当期对经济产生影响而且在以后各期也产生影响，这取决于自回归参数的数值大小。

（1）产出、消费、投资、国内债券利率、国外债券利率、外币持有额在冲击发生后开始下降且低于其稳态值，美元化的提高会降低产出、投资和居民的消费水平进而导致本国和外国债券利率下降，这是因为美元化可能会削

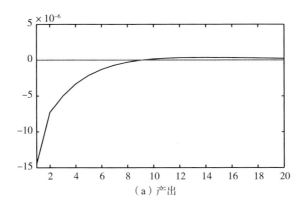

（a）产出

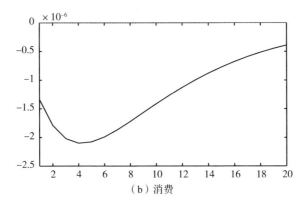

（b）消费

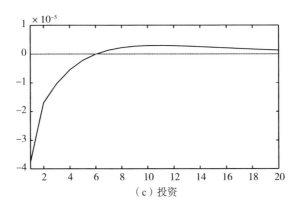

（c）投资

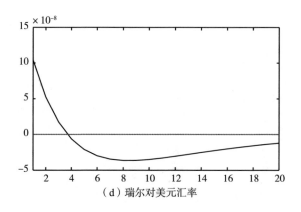

（d）瑞尔对美元汇率

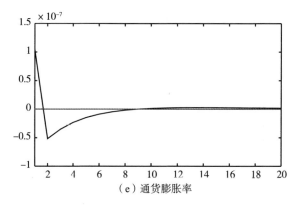

（e）通货膨胀率

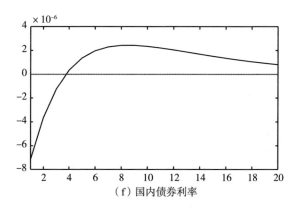

（f）国内债券利率

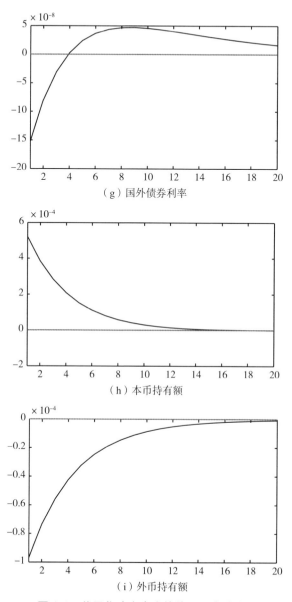

图 4.1 美元化冲击产生的效果（柬埔寨）

弱国内货币政策效果和汇率的灵活性而无法调节国内经济，抵御外部冲击，进而会导致产出、投资和消费的较大波动。随后，产出、消费、投资、国内债券利率、国外债券利率和外币持有额的负向偏离开始提高，但这些变量随时间的变化具有显著的持续性，特别是消费水平，经过40期后才接近稳态，其余变量均在20期后收敛到稳态。

（2）通货膨胀率、汇率和本币持有额在冲击发生后开始增加且高于其稳态值。因为在初始给定的美元化下，美元化程度的提高促使央行投放更多本币从而拉动通货膨胀上涨，带来本币大幅贬值。随着时间推移，汇率和本币供给的正向偏离开始缓慢衰减；而通货膨胀则迅速下降，超过稳态值后又缓慢回升，出现了类似于"J形曲线"。这是因为在长期内，随着美元化程度的提高，直至达到完全美元化时外币完全替代本币，此时本币与外币的汇率不复存在，降低了爆发货币危机的可能性和通货膨胀预期，有效降低通货膨胀率，进而会抑制国内利率的不正常上升。

二、老挝美元化的影响

与柬埔寨不同的是，老挝美元化程度在50%以下，其对宏微观经济变量的影响较柬埔寨弱，如图4.2所示。

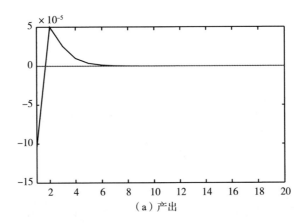

（a）产出

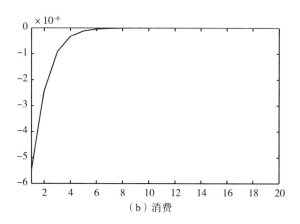

（b）消费

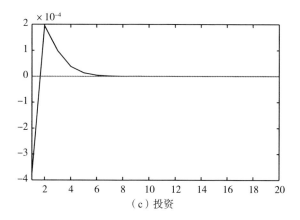

（c）投资

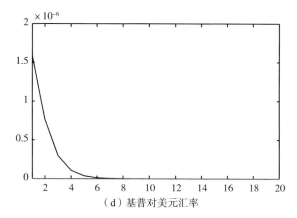

（d）基普对美元汇率

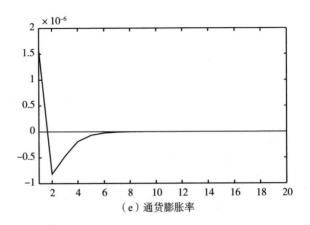

（e）通货膨胀率

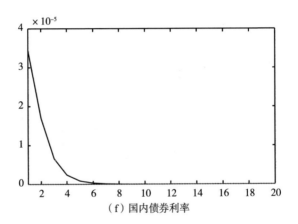

（f）国内债券利率

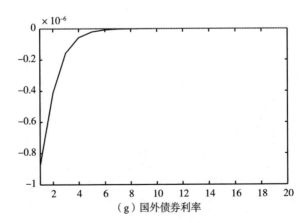

（g）国外债券利率

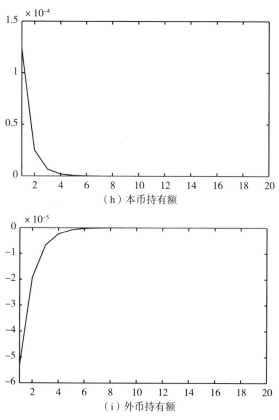

（h）本币持有额

（i）外币持有额

图 4.2 美元化冲击产生的效果（老挝）

（1）我们发现在美元化冲击开始后，产出、消费、投资、国外债券利率、外币持有量的响应为负，即美元化程度的提高使得产出、消费、投资、国外债券利率和外币持有额下降。随后，经过约 5 期后上述变量均倾向于稳态值。其中，产出、投资经历了一次正向提高，表明了美元化的影响较弱。

（2）美元化的初始冲击带来了汇率、通货膨胀率、国内债券利率和本币持有额的显著上升，同样地在第 6 期后均返回到稳态值，说明持续时间较短。其中，通胀率下降较为陡峭甚至跌破了稳态水平，之后才恢复到稳态附近。

三、越南美元化的影响

由于我们所设定的大部分数值与老挝的相同，因此越南美元化冲击产生的效果与老挝类似，如图4.3所示。

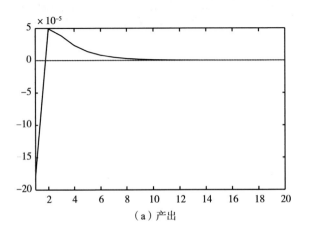

（a）产出

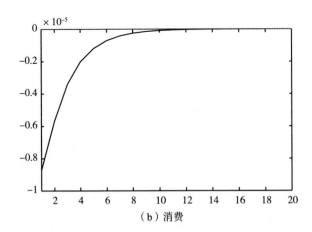

（b）消费

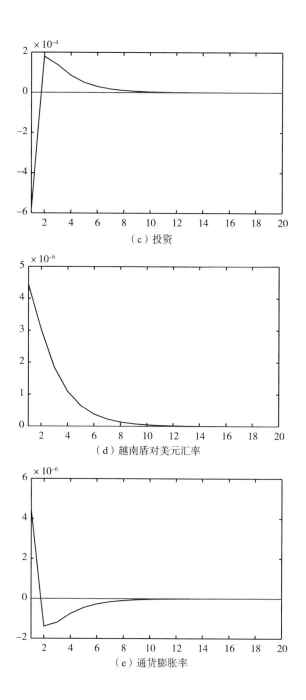

（c）投资

（d）越南盾对美元汇率

（e）通货膨胀率

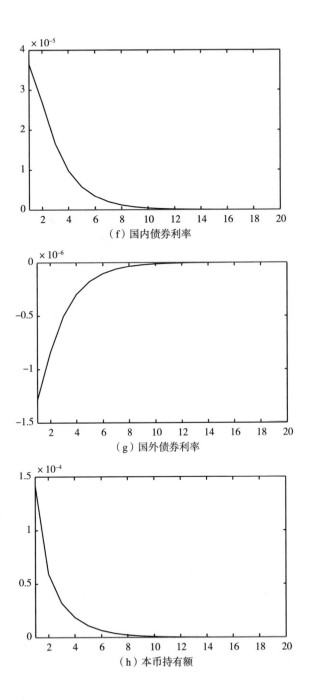

（f）国内债券利率

（g）国外债券利率

（h）本币持有额

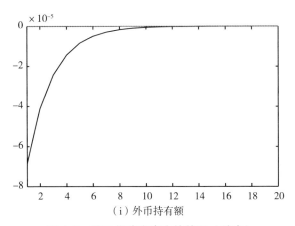

（i）外币持有额

图4.3 美元化冲击产生的效果（越南）

（1）我们发现在越南美元化冲击开始后，产出、消费、投资、国外债券利率和外币持有额的响应为负，但与老挝不同的是其影响程度更大，特别是对产出和投资的影响。随后，经过约8期后均倾向于稳态值。其中，产出、投资经历了一次正向提高，表明了美元化的影响较强，并且持续时间比老挝稍长一些。这说明越南美元化程度的提高将会对经济产生重大影响，这也从侧面印证了"去美元化"可能导致较大的经济波动（孙丹，2015），因为美元化程度越低的国家持有美元的比重较低，其本币升值的压力就会更大，为了维持出口规模，抑制本币升值，央行相应购汇就越多，物价的上涨幅度也更大。

（2）越南美元化的初始冲击带来了汇率、通货膨胀率、国内债券利率和本币持有额的显著上升。同样地，在第10期后均返回到稳态值，说明持续时间较短且但也比老挝持续的时间长。其中，通货膨胀率下降颇为陡峭，甚至在第2期就跌破稳态水平，之后才逐渐恢复到稳态附近，长期来看美元化的提高有助于抑制通货膨胀率，降低汇率波动，抑制国内债券利率的上升、降低本币持有额。

四、美元化下紧缩货币政策的影响

我们同时考察柬埔寨、老挝和越南三国正向货币政策冲击的效果。在柬埔寨，紧缩性货币政策（政策性利率上调）抑制了产出、消费、投资和外币持有额，但是国内债券利率水平、国外债券利率水平初始时并没有显著提高，而是在第 10 期后才显著高于其稳态值，这表现出了一定的时滞性。紧缩性货币政策冲击初始，汇率和通货膨胀率处于高位，随着时间推移，汇率和通货膨胀率双双下降且超过稳态值后又缓慢趋向稳态值附近。但是汇率衰减缓慢，通货膨胀率衰减陡峭，两者都具有"负超调"性质。

在老挝、越南，紧缩性货币政策冲击虽然抑制了产出、消费、投资、本币持有额和外币持有额，但却显著地提高了国内债券利率水平，而国外债券利率水平在初始冲击时大幅下降，之后缓慢提高直至稳态，如图 4.4 所示。紧缩性货币政策冲击拉动汇率、通货膨胀率和国内利率的显著上升，随着时间推移，汇率和国内债券利率呈现先上升后缓慢下降最后又缓慢趋向稳态值附近的态势，这说明二者都具有"正超调"性质，而此时通货膨胀衰减变为缓慢，最后经过 20 期后才趋于稳态。

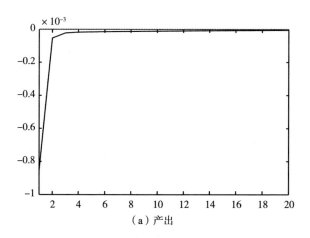

（a）产出

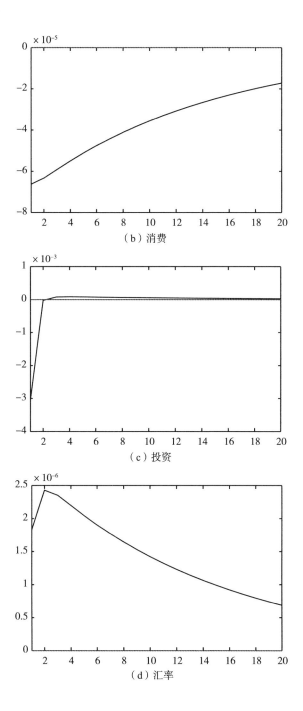

（b）消费

（c）投资

（d）汇率

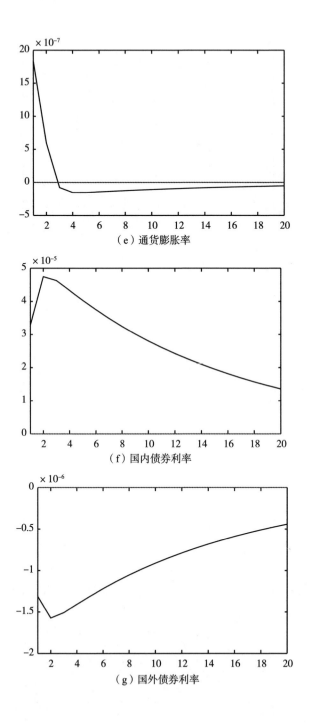

（e）通货膨胀率

（f）国内债券利率

（g）国外债券利率

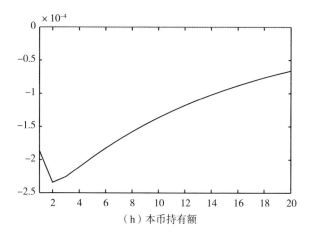

（h）本币持有额

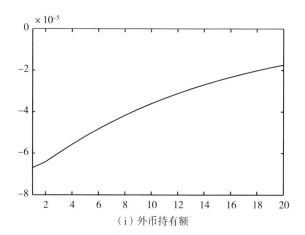

（i）外币持有额

图4.4 货币政策冲击产生的效果（以老挝为例）

然而，时间的长短可能取决于政府货币政策的可信性，如果政府坚持"去美元化"，追求国内货币政策的自主性，充分运用各种政策"激进地"推进"去美元化"，虽然会降低美元化的程度，但同时也会带来汇率波动和通胀反复，促使居民对本币信心发生动摇，也会相应地将本币转换为外币，提高外币持有额。

因此，在这种条件下，"去美元化"以追求国内货币政策的自主性存在巨大风险，原因在于从美元结算转换为另一种货币的结算方式是一个缓慢的过程，这表现为美元化的不可逆性，而且一旦居民对外币（通常是美元）具有绝对偏好，这种不可逆性就会达到极致，通过任何政策极力推动的"去美元化"可能适得其反，反而增加了该国宏观经济的不稳定。

|第五章|

人民币在中国西南周边国家跨境流通的现状与问题

根据中国人民银行昆明中心支行在《云南省人民币跨境流动监测报告》披露，2007 年中国云南省周边人民币跨境流动量为 669.86 亿元，推算在越南、老挝、缅甸三国的人民币存量在 200 亿元。但据该行调查，2008 年上半年越南农村银行边境支行留存的人民币大约为 600 万元①。

由此可见，人民币在云南周边四国的流通量远高于此。但是，要精确估计人民币在老挝、缅甸、越南和柬埔寨的流通量，由于缺乏许多正规数据，难以进行有效估计。为此，我们仅从中国与西南周边四国、云南省与西南周边四国的经贸

① 中国人民银行昆明中心支行，《云南省人民币跨境流动监测报告》。

关系，窥探人民币的境外流通情况，以做规范分析之用。

第一节　中国与西南周边国家的贸易情况

一、西南周边四国对中国的出口不断增加

亚洲金融危机后，特别是中国加入世界贸易组织以来，中国无论是进口规模和出口规模都显著提高，2010 年中国—东盟自由贸易区成立后，东盟各国对中国的出口不断增加，图 5.1 展示的是老挝、缅甸、越南和柬埔寨对中国的出口情况。

从图 5.1 中可见，2000 年以来，老挝、柬埔寨、缅甸对中国的出口不断增加，其中以缅甸的出口规模增长最快，2015 年出口规模接近 50 亿美元。但是，在四个经济体中，越南对中国的出口额遥遥领先其他三国，对中国的

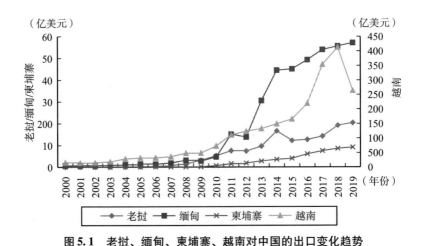

图 5.1　老挝、缅甸、柬埔寨、越南对中国的出口变化趋势

资料来源：亚洲开发银行。

出口规模很高，2018 年已经超过 400 亿美元，2019 年出现下滑，仅有 264 亿美元。尽管如此，中国已经成为缅甸第一大出口国，老挝第二大出口国，越南第二大出口国，柬埔寨第六大出口国。

二、中国对西南周边四国的出口不断增加

相应地，中国对老挝、缅甸、越南和柬埔寨的出口规模亦不断增加，总体呈上升趋势，其中以越南、缅甸上升最快（见图 5.2），越南从中国的进口规模在 2015 年已经超过 500 亿美元，而缅甸也仅是超过 60 亿美元。柬埔寨从中国的进口规模则相应较小，近年来规模有所上升，但都未超过 10 亿美元。中国已经成为缅甸、越南、柬埔寨的第一大进口国，老挝的第二大进口国①。

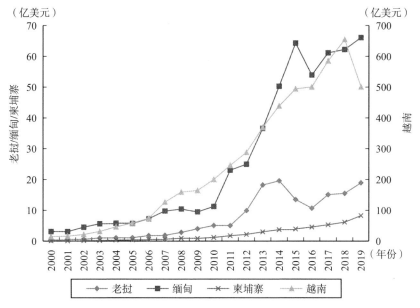

图 5.2 老挝、缅甸、柬埔寨、越南从中国的进口变化趋势

资料来源：亚洲开发银行。

---

① 老挝的第一大进出口国是泰国。

因此，无论从进口还是出口来看，中国与老挝、越南、缅甸、柬埔寨的经贸关系变得更加紧密，尤其是缅甸，中国均是缅甸的第一大进出口国。

第二节　中国与西南周边国家的投资情况

一、流量逐年增加，四国趋势分化

自 2003 年以来，中国对老挝、缅甸、越南和柬埔寨等西南周边四国直接投资呈现明显的变化趋势。2003～2010 年，中国对缅甸直接投资是四国当中最高的，其次为柬埔寨（见表 5.1）。

表 5.1　　　2003～2019 年中国对西南周边四国的对外直接投资流量情况

单位：万美元

年份	柬埔寨	老挝	缅甸	越南
2003	2195	80		1275
2004	2952	356	409	1685
2005	515	2058	1154	2077
2006	981	4804	1264	4532
2007	6445	15435	9231	11088
2008	20464	8700	23253	11984
2009	21583	20324	37670	11239
2010	46651	31355	87561	30513
2011	56602	45852	21782	18919
2012	55966	80882	74896	34943
2013	49933	78148	47533	48050

续表

年份	柬埔寨	老挝	缅甸	越南
2014	43827	102690	34313	33289
2015	41968	51721	33172	56017
2016	62567	32758	28769	127904
2017	74424	121995	42818	76440
2018	77834	124179	−19724	115083
2019	74625	114908	−4194	164852

资料来源：历年《中国对外直接投资统计公报》。

2010 年后，中国对老挝、缅甸、越南和柬埔寨等西南周边四国的投资流量发生了重要改变。其中，对缅甸投资接续下滑，而对老挝的投资却接连跃升，对越南的投资亦是如此，甚至在 2016 年达到高峰（127904 万美元），而且远大于对柬埔寨的投资额。这充分表明，近年来中国对老挝、越南的直接投资远大于对缅甸、柬埔寨的直接投资。一方面，是由于缅甸国内动荡所致；另一方面，越南、老挝相对开放，对外资总体持欢迎态度。

二、存量连续激增，四国趋势一致

从存量看，2003～2009 年的 7 年间，中国对老挝、越南、缅甸和柬埔寨的投资存量不足 10 亿美元。2010 年起，中国对周边国家的投资越来越多，存量亦不断上升，其中缅甸、老挝的投资存量最多，2014 年后，老挝超过缅甸成为投资存量最高的国家，2018 年达到高点（见图 5.3），2019 年有所回落，这种存量的变化趋势与流量的变动趋势也相一致。

对应的，2017 年老挝对中国直接投资为 1082 万美元，越南对中国直接投资为 353 万美元，缅甸对中国直接投资为 170 万美元，柬埔寨对中国直接投资为 1505 万美元，均达到了历史最高点。但是，2018 年、2019 年老挝对中国的直接投资则较少，越南对中国的直接投资分别为 13883 万美元和 1720 万美元，缅甸对中国的直接投资分别为 822 万美元、215 万美元①，周边四国对中国的直接投资出现了明显的分化趋势。

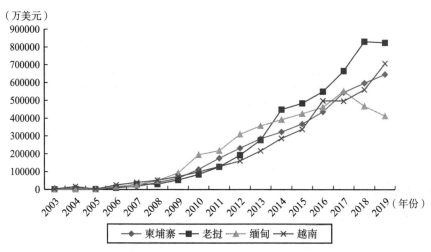

图 5.3　中国对西南周边四国的对外直接投资存量变化趋势

资料来源：历年《中国对外直接投资统计公报》。

第三节　中国云南省与西南周边国家的贸易情况

2009 年启动跨境贸易人民币结算试点以来，云南省与西南周边国家进出口总额不断飙升，其中对缅甸出口、进口规模较大，而对老挝、柬埔寨和越南的规模较小（见图 5.4 和图 5.5）。

---

① 《中国统计年鉴（2020）》。

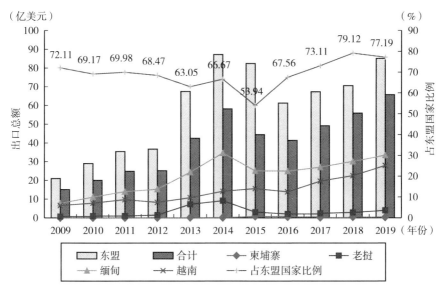

图 5.4 云南省对老挝、缅甸、越南、柬埔寨四国出口情况

资料来源：历年《云南统计年鉴》。

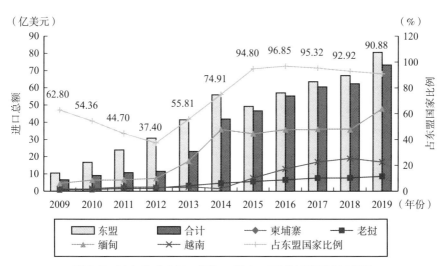

图 5.5 云南省对老挝、缅甸、越南、柬埔寨四国进口情况

注：柬埔寨数据缺失。

资料来源：历年《云南统计年鉴》。

从出口来看，云南省对老挝、越南、柬埔寨和缅甸的出口总额 2009～2019 年呈"倒 U 形"的先升后降，拐点是 2014 年（四国合计约 58 亿美元），对四国的出口总额占整个东盟的 66.67%，2015 年出现明显下降，该比值下降到 53.94%，2016 年后逐渐回升，最高时达到 79.12%。平均来看，2009～2019 年，云南省对周边四国的出口总额占对整个东盟国家出口总额的 60% 以上，足见周边国家对云南出口的重要性，也体现了其与云南毗邻的地理优势。

从进口来看，2014 年以前，云南省从老挝、缅甸、越南三国的进口总额约为整个东盟的 38% 以上，2014 年上升到 55.81%。但是 2014 年以后，从该三国的进口量几乎占到整个东盟国家进口总额的 95%，特别是 2017 年，已经上升到了 96.85%。这充分说明，云南省主要是从与其毗邻的周边国家进口货物。

综上所述，我们不难认为，云南省对东盟国家的进出口已经演变为以周边国家进出口为主，无论是进口还是出口，其占比均超过 70%，而且进口比重甚至更高。因此，云南省与周边国家的经贸关系更为紧密。

第四节　中国对西南周边国家的跨境贸易人民币结算情况

一、中国跨境贸易人民币结算

2009 年 4 月 8 日，国务院举行常务会议决定在上海市和广东省广州、深圳、珠海、东莞 4 个城市开展跨境贸易人民币结算试点。2010 年 6 月 17 日，中国人民银行、财政部、商务部、海关总署、国家税务总局、中国银监会联合发出《关于扩大跨境贸易人民币结算试点有关问题的通知》，跨境贸易人民币结算试点地区由前期的 5 个城市扩展到 20 个省（自治区、直辖市），跨境贸易人民币结算的境外地域由我国港澳地区、东盟地区扩展到所有国家和地区，试点业务范围包括跨境货物贸易、服务贸易和其他经常项下的人民币结算（刘方，2019）。

跨境贸易人民币结算试点初期，市场反应冷淡，结算笔数和结算量较少。主要原因是相关试点企业担心出口退税政策不能如约实施，2009 年 9 月初，跨境贸易结算出口退税业务开始正式办理，解决了企业担心的退税问题，跨境贸易人民币结算量在一个月内旋即超过 1 亿元人民币。

自此之后，跨境贸易人民币结算总量从 2010 年第一季度的 183.5 亿元上升到 2015 年第三季度的 2.09 万亿元，增长了约 113 倍（见图 5.6）。不过，2015 年下半年开始跨境贸易人民币结算却逆势下行，结算量下降至 9942 亿元，2017 年第二季度则有所回调，上升到 1.16 万亿元，2018 年第三季度则下降到 1.06 万亿元，截至 2020 年第三季度，跨境贸易人民币结算量突破 6.6 万亿元，累计超过 70 万亿元人民币。

那么，跨境贸易人民币结算为何逆势下行，出现人民币国际化放缓趋势呢？其中，一个重要的原因是人民币兑美元汇率的贬值预期所致（张明，2016）。人民币兑美元汇率，从 2015 年第三季度的 6.26 上升到 2017 年第二季度的 6.86，贬值达 9.4%，故在人民币不断贬值的情况下，人民币汇率贬值及其贬值预期的强化，将会弱化境外投资者的跨境套利和套汇行为，使得跨境人民币套利失去吸引力，从而减小跨境人民币结算规模。

尽管受人民币贬值预期的影响，跨境贸易人民币结算增量出现下滑，但累计结算量一直呈增长态势。2017 年后，随着中国推进供给侧结构性改革，经济增速保持在中高速区间，跨境贸易人民币结算量逐渐回暖，显示未来人民币国际化将行稳致远。

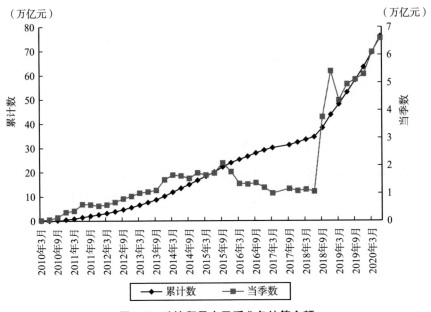

图 5.6 跨境贸易人民币业务结算金额

资料来源：Wind 数据库。

二、云南跨境贸易人民币结算

云南省是全国最早开始实行边境贸易人民币结算的试点地区之一，也是国家第二批开展跨境贸易人民币结算的试点省份。2010 年以来，云南省跨境贸易人民币结算呈现三大特征：

一是结算总额先升后降再趋升。2010～2018 年，云南省实现跨境贸易人民币结算累计达 4656.61 亿元（见图 5.7），其中 2010～2014 年呈上升态势，2015～2017 年则呈下降态势，前后形成鲜明对比，"倒 U 形"特征比较明显，2018～2020 年又有所回升。

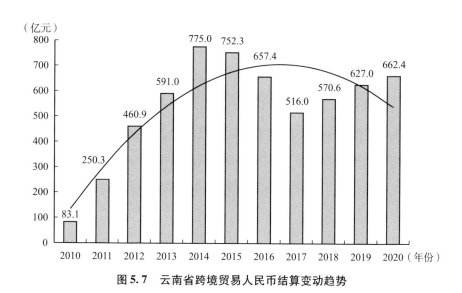

图 5.7 云南省跨境贸易人民币结算变动趋势

资料来源：Wind 数据库。

二是人民币在跨境结算中占主导地位。2018 年，云南省跨境贸易人民币结算量达 570.61 亿元，同比增长 10.37%，其中，经常项目跨境人民币结算 444.91 亿元，同比增长 11.95%，主要是同周边国家货物贸易结算增多；资本项目跨境人民币结算 125.7 亿元，同比增长 5.12%，主要是企业跨境融资借入和到期归还境外借款增加。在本书涉及的边境八省（区）①中位列第三位，在全国排名较上年同期提高四位。人民币在云南省全部本外币跨境收支占 33.48%，为第二大跨境交易货币、第一大对东盟跨境结算货币。

三是结算业务范围不断扩大。自 2010 年以来，云南省跨境贸易人民币结算业务地域范围扩大至境外 82 个国家或地区，与云南省发生人民币实际收付业务的 63 个国家或地区中，结算量较大的是缅甸、中国香港和越南，合计约

---

① 包括辽宁省、吉林省、黑龙江省、甘肃省、内蒙古自治区、新疆维吾尔自治区、广西壮族自治区、云南省。

占84.2%。2018年，在同云南省发生结算的63个国家或地区中，结算量最大的是缅甸、中国香港和越南，结算占比分别为35.31%、24.33%和22.33%。云南省与毗邻的缅甸、越南、老挝结算合计349.71亿元，同比增长12.02%。[①]

云南省与老挝、柬埔寨的跨境人民币结算占比分别为1.79%和0.53%，均远低于缅甸和越南的占比。在对周边国家的跨境贸易人民币结算中，货物贸易结算占比以缅甸、越南最高，几乎达到100%，而老挝、柬埔寨的货物贸易结算占比也仅有67%、40%。

值得注意的是，跨境贸易人民币结算包括边境贸易结算和一般贸易结算两类。但是二者使用人民币进行结算的比重却有所差异（刘方，2019）。在边境贸易结算中，人民币使用占比达95%以上，而一般贸易结算中人民币结算占比约25%，其中出口人民币结算占比近40%，而进口人民币结算占比约为11%，出口人民币结算占比高可能与我国的出口退税政策有关。

第五节　人民币在中国西南周边国家
跨境流通现状与规模测算

一、人民币境外流通规模的估计方法

人民币境外流通规模的估计，常用的方法有直接法和间接法。直接法的测算原理较为简单，其主要是通过人民币在周边国家流出的主要途径在一定

---

① 2018年同比增长10.37% 云南省跨境人民币结算稳定增长［EB/OL］. 云南网，http：//yn. yunnan. cn/system/2019/01/31/030193453. shtml.

时期内的数量之和减去同一时期内的人民币流入数量之和，即为人民币的净流出规模。

在实际应用中，直接法虽然操作简单，但是各种途径、渠道的数据不易获得，只能是大致推算，带有一定的主观性（姚晓东、孙钰，2010），因而测算结果偏差较大。

间接法则将整个国家的货币需求划分为境内需求和境外需求两个部分，一国的货币供给就等于境内货币需求和境外货币需求之和。由于货币需求函数具有稳定性，因而可以使用封闭经济条件下的货币需求函数对开放经济条件下的货币需求函数进行估计，此时通过比较货币需求值与实际货币供给值之间的缺口，就可以判断人民币的境外需求规模，缺口即为人民币的境外流通量。

根据货币需求理论，货币需求取决于若干经济变量，例如，GDP、利率、通货膨胀率指标。马荣华（2006）、董继华（2008）、许珊珊（2011）等都使用间接法进行测算，其计量模型设为：

$$\ln\left(\frac{M_0}{P}\right) = \alpha_0 + \alpha_1 \ln\left(\frac{GDP}{P}\right) + \alpha_2 R + \alpha_3 TAX + \alpha_4 \ln\left(\frac{M_2}{GDP}\right) + \varepsilon \qquad (5.1)$$

式（5.1）中，M_0 为境内货币现金总额；GDP 为名义国内生产总值；P 为价格水平；R 为实际利率水平，表示机会成本；TAX 为宏观税率，用每年财政收入与国内生产总值的比率表示；M_2/GDP 为货币化程度。

因此，利用上述变量，使用计量方法估计拟合值 $\ln(\tilde{M}_0/P)$[①]，并与真实值 $\ln(M_0/P)$ 比较，就得出二者的缺口大小，即为人民币境外流通规模：

$$GAP = \ln\left(\frac{M_0}{P}\right) - \ln\left(\frac{\tilde{M}_0}{P}\right) \qquad (5.2)$$

式（5.2）中，若 $GAP > 0$，表明人民币净流出；反之，若 $GAP < 0$，表示人民币净流入，也即当前境外人民币回流内地。

---

① 实证过程中，还涉及变量的单位根检验、协整检验、模型的稳定性检验等计量程式。

虽然间接法为我们提供了估计人民币跨境流通规模的较为科学的方法，但是若要估计人民币在每个周边国家的流通规模，则变得不再可行，因为此种方法将中国看成一个整体，中国以外所有国家或地区看成另外一个整体，是一个"中心-外围"式的整体估计方法，所以很难使用间接法对人民币在各周边国家的流通规模进行大体推算，而直接法又缺乏所需数据。因此，我们只能通过相关文献及一些调查数据进行简要说明。

二、人民币在老挝的流通现状

鉴于中国与老挝更紧密的经贸关系，而且老挝又与云南省接壤。天然的地理优势，使得人民币在老挝边境及内陆地区都得以广泛流通。

首先，在老挝的东北三省，人民币基本可以自由流通和使用。虽然老挝对人民币流通不做管制，但老挝央行规定，商业银行只能办理基普、美元和泰铢的存贷款、汇兑业务（梁晶晶，2015），人民币存款账户在外资银行中也只有老挝外贸大众银行能开立，中资金融机构、合资金融机构（中国工商银行、中国银行、老中银行）等均能开立人民币存款账户。在除老挝首都万象以外的其他省区，由于中资金融机构、合资金融机构不能或较少开设分支，其他地区的人民币业务只能经由"地摊银行""地下钱庄"办理。

其次，中国与老挝双边贸易的增加均会带动更多人民币使用。2017年中国与老挝双边进出口额达到30亿美元，按照1.8%的人民币结算比和人民币对美元年平均汇率6.75计算，2017年流入老挝境内的人民币规模达到36450万元。

最后，从投资的角度讲，2017年，中国对老挝的直接投资存量和流量达到新高，其中存量66.55亿美元，流量12.2亿美元，若按照当年人民币兑美元的年平均汇率6.75测算及考虑50%的投资是使用人民币[1]，则在老挝投资

---

① 事实上，由于人民币国际化的推进，中国企业"走出去"均喜欢使用人民币资金进行直接投资。

中发生的人民币资金规模为 265.78 亿元。

因此，除去"地下钱庄""地摊银行"及边境地区的一些非法现金流入，2017 年在老挝境内的人民币资金流通规模大约有 269.4 亿元。

三、人民币在缅甸的流通现状

中缅两国开展边贸之后，人民币就作为结算货币在中缅边境地区广泛使用。随着中国经济实力的提高，人民币在缅甸居民心目中的威望不断提高，特别是在缅北地区城市、果敢地区，人民币与美元、缅元一样，在一些华人商店、餐馆中均可以支付费用。

为了吸引更多中国游客，促进缅甸旅游事业的发展，缅甸政府于 2002 年决定允许赴缅甸旅游的中国游客用人民币支付在缅甸旅游期间的各项费用，从 2002 年 7 月起，赴缅甸旅游的中国游客可携带 6000 元人民币入境，而不必申报海关。

从贸易和投资角度来讲，2017 年中缅双边贸易规模达到 97.38 亿美元，按照 37.41% 的人民币结算比和人民币对美元年均汇率 6.75 计算，2017 年通过贸易方式进入缅甸的人民币资金大概有 245.9 亿元。类似老挝的测算方法，通过投资方式进入缅甸的人民币资金为 32.9 亿元。因此，整个 2017 年有将近 278.8 亿元人民币资金滞留缅甸。

四、人民币在越南的流通现状

在中越边境，人民币广泛流通和使用。20 世纪 90 年代，人民币在越南的流通仅限于芒街一带，而随着中越两国经济发展，尤其是旅游业的带动，人民币在越南境内的接受和使用区域不断扩大，现已发展到芒街、鸿基、海防、河内乃至整个越南北部流通最为广泛，形成了民间性的人民币集散市场。根据梁晶晶（2015）的推算，2010 年底越南沉淀的人民币现金规模约 55 亿元。

从贸易和投资的角度讲，2017 年中越双边贸易规模达到 876.5 亿美元，按照 21.01% 的人民币结算比和人民币对美元年均汇率 6.75 计算，2017 年通过贸易方式进入越南的人民币资金大概有 1242.97 亿元。类似老挝的计算方法，通过投资方式进入越南的人民币资金大约 193.38 亿元。因此，在 2017 年通过贸易投资方式进入越南的资金大约达到 1436.35 亿元。

五、人民币在柬埔寨的流通现状

由于柬埔寨地处泰国、老挝和越南的环抱之中，与中国云南、广西并无接壤，人民币无法像在中国与老挝、越南和缅甸接壤的边境地区一样使用。在柬埔寨使用的货币是美元和柬埔寨瑞尔，人民币必须兑换成美元或是瑞尔方可使用，但是瑞尔的使用范围仅限于农村地区和城市中的小部分交易。

为了吸引中国游客①，2016 年 7 月柬埔寨政府已批准中国游客在柬埔寨使用人民币，人民币在柬埔寨流通的障碍被消除。随着人民币在柬埔寨旅游市场的使用越来越普遍，中国游客已经能在不少商店和餐厅使用人民币和银联卡结账，部分商家甚至在商品标签上增添了人民币价格，这意味着人民币首先以"旅游"方式逐渐进入柬埔寨市场。

中国外汇交易中心于 2017 年 9 月 13 日起开展人民币对柬埔寨瑞尔银行间市场区域交易，品种为即期询价交易，包括 t+0、t+1 和 t+2②。人民

---

① 据柬埔寨机场公司（Cambodia Airport）公布最新的报告称，2016 年上半年，柬埔寨接待的国际旅客人数约 100 万人次、中国游客人数为 27.44 万人次，同比增长了 20%，中国游客人数排在第一位。参见：http://www.ccpit.org/Contents/Channel_ 4013/2016/0728/676343/content_ 676343. htm。

② 人民币对柬埔寨瑞尔 2017 年 9 月 13 日起开展银行间市场区域交易，http://rmb.xinhua08.com/a/20170912/1725861. shtml。

币对瑞尔的银行间市场区域交易①的启动，拉开了人民币与瑞尔的直接兑换序幕，有利于规避汇率风险、降低交易成本，对推进贸易投资本币结算便利化，促进中柬两国贸易投资的持续增长，带动人民币在柬埔寨的流通使用有极大作用。

目前，柬埔寨中央银行的外汇储备组合中就包括人民币。柬埔寨央行不仅持有人民币存款，还购买了人民币债券，人民币现钞也在柬埔寨主要城市金边、暹粒及西哈努克港流通，越来越多的商家接受人民币。截至 2017 年 10 月，柬埔寨已有 17 家银行提供人民币清算业务，4 家银行提供人民币存款服务，中国游客在柬也可使用人民币消费。

从贸易和投资的角度讲，2017 年中柬双边贸易额达到 62.38 亿美元，按照 0.53% 的人民币结算比和人民币对美元年均汇率 6.75 计算，2017 年通过贸易方式进入柬埔寨的人民币资金大约有 2.23 亿元。而通过投资方式进入柬埔寨的人民币资金则大约有 209 亿元。因此，2017 年以贸易和投资方式流入柬埔寨的人民币资金共有 211.23 亿元。

综合上述各国人民币流通量数据，仅从 2017 年来看，人民币在越南的流通量最多，在老挝、缅甸的流通量相当，在柬埔寨的流通量最少（见表 5.2）。这也符合了周边国家与中国贸易、投资的总体发展趋势。

表 5.2　　　　　　2017 年人民币在云南省周边四国的流通估计量　　　　单位：亿元

国别	流通量
老挝	265.78
缅甸	278.8
越南	1436.35
柬埔寨	211.23

资料来源：笔者测算。

---

① 目前，在银行间市场区域交易的货币有泰国泰铢、哈萨克斯坦坚戈、蒙古图格里克等。

第六节　人民币在中国西南周边国家流通使用的困难与挑战

虽然人民币业务在中国西南周边国家的比例上升速度快，但绝对量远小于该区域金融系统中占主导地位的外币，如美元、泰铢、日元和欧元等。因此，由真实需求所驱动的人民币跨境使用及国际化仍需要一个长期培育的过程。

一、宏观层面的困难与挑战

（一）人民币使用占比仍低

人民币在边境贸易和在边境地区的使用占比较高，但相较传统币种在整体货币流通的比例依然有限，并且越深入腹地人民币的使用频率越低。在越南，黄金 – 美元 – 越南盾三者并存的货币流通格局始于 20 世纪 60 年代。

在涉及资产购置或者金额较大的交易时，通常采用黄金和美元进行结算。一般日用品及食品采购等生活开支，则主要使用越南盾。而人民币目前只被允许在与我国相邻的越南边境地区（中越边境 20 公里范围内）和口岸经济区使用；在老挝，美元、泰铢和基普同时流通的现象形成于 20 世纪 80 年代末和 90 年代初期。

根据相关数据统计，老挝日常交易（包括边境贸易）中的货币占比分布如下：泰铢 26%，美元 26%，基普 21%，越南盾 16%，人民币 5%[①]。在首

---

① 笔者现场调查所得数据，由调查单位提供。

都万象、巴色、沙湾拿吉、他曲等湄公河沿岸的各大城市，泰铢和美元享有同级别的流通性，但在北部和东部地区，美元比泰铢更受欢迎。人民币仅在琅勃拉邦、丰沙里省等中老边境地区使用；在缅甸，中缅边境贸易基本使用人民币进行结算，估计占比达95%以上。此外，缅甸积极参与"一带一路"倡议，是首批加入亚洲基础设施投资银行的国家之一，目前人民币已纳入缅甸国际支付和转账的官方结算货币，但尚未允许给个人或机构开设人民币账户。

总之，人民币在西南周边国家使用区域仍旧具有局限性，整体使用比例也不高，推进人民币在西南周边国家跨境使用还需做好长久规划。

（二）人民币结算方式有限

人民币在西南周边国家的结算方式依然落后。中国与周边国家的人民币结算方式一般分为四种：互开本币结算账户结算、边贸个人人民币银行结算账户划转、现金结算和地摊银行结算。这四种结算方式的便利程度依次上升，不透明度顺序增加。在越南，中越边贸结算已经建立较好的合作机制，跨境结算主要以中越双边银行互开本币账户方式为主，为边境贸易企业和个人办理结算，俗称"河口模式"。

在老挝，边贸结算有超过50%的结算以现钞方式进行，主要原因在于老挝边境地区金融基础设施不发达，正规结算渠道覆盖面较窄；在缅甸，主要方式是通过缅甸个人在境内银行开设的人民币账户结算以及现钞结算。一国的跨境贸易主要的结算方式可以在一定程度上反映出人民币跨境使用的便利程度和跨境资本流动风险的高低。同时，这种结算方式的差异性也体现了西南周边不同国家的金融发展水平以及与中国金融合作程度存在的差异性。从而在不同国家推进人民币跨境贸易结算时，需要因地制宜地制定不同的发展战略。

（三）国家层面的政策合作不足

中国与周边国家在双边货币互换协定、畅通双边本币结算渠道以及增加人民币外汇储备三方面的合作均有进一步加强的空间。中国与越南、缅甸均没有签署双边货币互换协定。越南从 2018 年 10 月起允许其边境 7 个省份使用人民币作为合法的结算货币；缅甸央行 2019 年 1 月刚刚正式将人民币作为其国际结算和支付货币，并允许持有外汇经营许可的商家在国际结算时直接使用人民币与日元，银行间也可开设人民币账户，但不允许给个人或机构开设人民币账户；老挝还没有确立人民币作为跨境结算货币的合法地位，直到 2020 年 1 月，中老两国央行才签订双边本币合作协议。

在储备货币方面，人民币在越南、缅甸、老挝三国外汇储备中的占比均很小。国家层面对人民币跨境使用提供的政策便捷对人民币国际化的具体推进至关重要，对外方企业与居民的影响尤为严重，因为国家层面人民币外汇储备的缺乏会导致他们难以通过本国金融系统完成人民币的自由汇兑，从而影响企业跨境的支付与结算。

（四）周边国家经济环境欠稳

越南、老挝、缅甸与云南省接壤，但经济水平发展相对落后，国内基础设施建设不完善，部分地区交通运输存在困难；金融系统不健全，交易存在很大的风险；劳动力素质普遍偏低，违法犯罪活动频发，加剧了人民币跨境结算的难度。此外，有些国家内部存在动荡（如缅甸）和宗教信仰复杂问题，这将使中国与西南周边国家的经贸合作更难开展，制约跨境人民币结算业务发展。

二、微观层面的困难与挑战

（一）企业层面

（1）市场交易币种偏好的惯性和币种转换成本是实现人民币跨境结算所

面临的最大长期挑战。在签订双边贸易合同时，进出口企业的币种选择往往取决于自身及上下游企业的交易偏好以及企业的议价能力。

一般而言，中方企业具有更强烈的动机在跨境贸易中优先使用人民币计价和结算，以规避汇率波动等风险。但企业自身在产业链中仍处于可替代性强的低端位置，以及部分产业国内竞争激烈等问题往往导致中方企业在交易中议价能力不足，难以发挥其市场推动作用。

这种贸易结构导致我方进出口商在定价和选择结算货币时处于被动地位，制约了人民币跨境结算的发展。对外方企业而言，从过去习惯使用的国际货币更改为人民币进行贸易的计价与结算存在转换成本，这种对交易货币的路径依赖限制了跨境贸易结算中人民币的使用量。

（2）贸易摩擦以及关税增加对中外企业的人民币使用偏好存在显著影响。中国人民银行 2019 年发布的人民币国际化报告指出，关税的增加和贸易保护主义的抬头对中外企业的人民币使用偏好均有显著影响，并被列为影响人民币国际化的首要短期挑战。问卷调查结果显示，中美关税的增加导致62% 的海外企业倾向于增加人民币使用、18% 表示使用无变化、10% 表示使用有所减少。中国企业中倾向于减少人民币使用、不改变人民币使用和增加人民币使用的占比分别为 44% 、25% 和 31%[①]。

表面上来看，贸易摩擦对中外企业的人民币偏好产生了相反的影响，即中方企业减少人民币的使用比例，而外方企业增加使用人民币的比例，但其深层原因可能在于贸易摩擦导致市场份额变化和产业链调整。例如，中美贸易脱钩导致中国与其他贸易伙伴（如"一带一路"沿线国家）的进出口金额增加，而这些贸易伙伴对使用人民币的接纳度更高；又如，议价能力弱的中方企业的市场份额变小，而议价能力强的中资企业为了对冲关税损失，更多要求以人民币进行计价和结算从而规避汇率风险；再如，产业链转移导致期

---

① 根据笔者问卷调查结果计算所得。

望与中国市场产生更为紧密联系的外方企业的市场份额增加等。

此外，人民币获取、兑换和投资渠道受限也是影响海外企业人民币需求的重要因素。尤其对于一些欠发达且缺少双边货币互换机制的地区而言，企业获取和使用人民币的渠道局限于进出口交易，既难以在本国金融机构实现人民币和本币的兑换，积攒的人民币资产也缺乏有吸引力的投资途径。因此，面对已经存在其他主导型外币的国际市场，推进人民币计价和结算需要提供足以克服转换成本的经济收益。例如，使用人民币能够加深其与中国市场的贸易联系、能够方便地持有人民币资产并获得贸易以外的金融收益、以人民币进行国际业务结算能够避免不公正的金融制裁等。

（3）汇率波动是中外企业共同关心的重点问题。在人民币汇率制度改革的大背景下，政策性外汇干预的减少和人民币汇率市场化是一种必然趋势。同时，由于贸易摩擦等外部冲击更为频繁，人民币汇率的波动幅度变大，打破了市场对汇率"保7"的心理预期，不少企业因为缺乏准备而蒙受了汇率损失。从历史上来看，由于人民币汇率波动的增加，人民币在跨境收支中的占比在2015～2017年间出现大幅下滑。

2015年人民币在跨境收入中，月度占比均值为30%，在支出中占比27%，到了2017年，这一比例平均仅有16%和19%，这表明企业在跨境收支中使用人民币的意愿不断降低。受此拖累，人民币在国际货币支付中的份额和排名也逐渐下滑，人民币国际化进程遇阻，有50%以上的中外企业都把人民币币值波动列为人民币国际化的重要挑战。因此，在汇率市场化改革的大背景下，中国必须进一步增强自身经济实力和金融稳定性，才能减少汇率改革对人民币汇率波动的负面影响，保证人民币币值的长期稳定。

（二）金融机构层面

1. 挑战一：人民币清算和结算体系还有待进一步完善

银行是辅助企业完成人民币结算、汇兑和投资的重要中介，也是搭建离岸人民币清算体系的主体。

（1）海外代理和清算银行数量有限，在一定程度上限制了人民币结算业务合作与发展。从中方角度来看，尽管很多中资商业银行已经具备完善的金融基础设施和服务能力，但要在海外设立分支机构需要经过中国银监会同意审批。

由于每年相关牌照的数量有限，因此很多商业银行仍旧处于在不同国家建立分支机构的拓荒阶段，难以在同一国家巩固和拓展业务。此外，对于一些体量较小和欠发达的经济体而言，商业银行往往会因为难以获得利润回报而放弃对当地市场的开发，进而限制了我国与这些国家的人民币业务往来。

（2）所在国的政策限制也会对中资银行和人民币业务在海外的发展造成阻碍。很多国家对外国金融机构在本国的跨境业务存在诸多限制，包括对外币在本国商品和服务交易中的份额存在限制、对开设人民币账户存在限制、外国银行在中国开设同业存放银行账户审批手续烦琐等。例如，越南仅允许与我国接壤的边境省份的商业银行开办人民币结算业务，越南内地的商业银行不可办理人民币结算业务。这些限制对人民币结算的便利性造成了很大损害。

（3）对于一些交易规模较小的币种，由于中央系统增设直接双边报价机制的成本过高，导致人民币和很多小币种之间依然需要经由美元中介的间接报价机制，尚未摆脱美元汇率波动的影响。对越是使用率低的小币种，不同银行的兑换差价则越大。这种被动形式的汇率波动，会增加人民币在使用中的汇率风险，不利于人民币跨境结算的推进。

2. 挑战二：中国银行体系的人民币配套产品发展滞后

（1）受产品设计定位存在偏差、市场接受程度低等因素制约，人民币跨境结算业务配套产品发展滞后；跨境人民币账户融资、人民币担保等跨境人民币结算配套业务开展滞后；资本项下跨境人民币业务进展缓慢。

（2）受人民币预期、境内外利差等因素影响，银行推出的内保外贷保函、人民币海外代付、人民币远期信用证等跨境人民币结算业务配套产品容易被个别企业利用，成为套取境内外汇差、利差的投机性套利工具，从而进一步加快"热钱"流入，制约跨境人民币结算业务的健康发展。

3. 挑战三：部分西南周边国家金融基础设施薄弱，相关体制不规范，存在"地摊银行"和"洗钱"风险

以缅甸为例，当前中缅银行间合作仅限于缅方银行在中方商业银行开立单边跨境人民币结算账户，而中方银行尚不能到缅方银行开立缅元账户。同时，缅方金融服务落后，银行现代化程度低，银行清算体系不健全；缅甸尚无国家支付系统，银行间的清算主要依托电话平台或现金清算。中缅间资金若通过第三方（中国香港或新加坡）结算，资金速度慢、成本高，因此大部分贸易中人民币与缅元的兑换都通过"地摊银行"进行。

"地摊银行"相对于正规金融机构来说，具有手续简单、完成所需时间短、费率低、满足个性化需求的优点，因而对个人和企业有较强吸引力，正规金融机构难以在短时间内取代这些非正规金融服务。由于这些"地摊银行"资金往来存在极不规范性，是司法监督的盲点，常常成为黄、赌、毒、洗钱和走私非法资金的流动渠道，影响外汇管理政策的实施，为违法犯罪活动提供场所和条件。

第六章

中国西南周边国家美元化对
人民币跨境流通的影响

美元的大量使用及其产生的网络外部性，造成使用美元的路径依赖而难以逆转，当境外主体转而使用其他货币时，由于交易成本、收益与风险（预期贬值）之间的差异，导致选择和使用其他货币存有顾虑。因此，市场主体将按照自身交易习惯和偏好，宁愿选择较为坚挺的国际货币，而不选择那些波动较大又缺乏可自由兑换的货币，从而决定了其货币选择。

第一节　美元化对人民币跨境流通的
影响机制：一个理论模型

一、最低方差投资组合模型

根据伊兹和耶雅梯（Ize & Yeyati，2003）提出的最低方差投资组合模型，假设国内存款人的资产选择包括三类：本币存款（HCD）、国内流通的外币存款（FCD，如美元）、跨境货币存款（CBD，如人民币），它们的收益率分别是 r_D^H、r_D^F、r^C，存款人不持有任何现金。存款人持有的外币存款（FCD）不仅受汇率波动、通货膨胀的影响，而且还受货币发行国的国家风险影响，跨境货币存款（CBD）仅受实际汇率风险的影响。因此，可视三类资产的收益率（存款利率）受通货膨胀风险、汇率风险和国家风险影响，即：

$$r_D^H = E(r_D^H) + \varepsilon_\pi + \varepsilon_c \tag{6.1}$$

$$r_D^F = E(r_D^F) + \varepsilon_s + \varepsilon_c \tag{6.2}$$

$$r^C = E(r^C) + \varepsilon_s \tag{6.3}$$

式（6.1）~式（6.3）中，ε_π、ε_s、ε_c 分别表示通货膨胀风险、实际汇率风险和国家风险的冲击，它们服从均值为 0、方差 σ^2 的分布，并且假设 $\sigma_{sc} = \sigma_{\pi c} = 0$。

存款人的偏好是使得所有存款的净收益最大化，即：

$$U_D = E(r_D) - \frac{c_D \sigma_{r_D}^2}{2} \tag{6.4}$$

式（6.4）中，r_D 表示所有存款的平均收益率，c_D 表示存款人的风险厌恶度。

定义 λ_F 为外币存款份额，λ_C 为跨境货币存款份额。根据资本资产定价模型（$CAPM$）有：

$$\lambda_F = \lambda_F^* - \frac{E(r_D^H - r_D^F)}{c_D \mathrm{Var}(r_D^H - r_D^F)} \tag{6.5}$$

$$\lambda_C = \lambda_C^* - \frac{E(r_D^F - r^C)}{c_D \mathrm{Var}(r^C)} \tag{6.6}$$

式（6.5）和式（6.6）中，$\mathrm{Var}(r_D^H - r_D^F) = \sigma_\pi^2 + \sigma_s^2 - 2\sigma_{\pi s}$，$\mathrm{Var}(r^C) = \sigma_{cc}^2$，$\lambda_F^* = \dfrac{\mathrm{Var}(r_D^H) - \mathrm{Cov}(r_D^H,\ r_D^F)}{\mathrm{Var}(r_D^H - r_D^F)}$、$\lambda_C^* = \dfrac{\mathrm{Var}(r_D^F) - \mathrm{Cov}(r_D^F,\ r^C)}{\mathrm{Var}(r^C)}$ 表示均衡的外币存款份额和跨境货币存款份额，显然 $\lambda_C < \lambda_F \in (0,\ 1)$。

从式（6.5）可知，本币和外币之间的货币选择取决于该国的通货膨胀风险和本币和外币之间的汇率风险，外币和跨境货币的选择取决于跨境货币的汇率风险以及本币和外币之间的收益差。

二、美元化对人民币跨境流通的作用机制

如果发生跨境货币替代国内流通外币的情况，那么其条件满足：当且仅当 $r_D^F = r_D^C = r_D^H$ 时，$\lambda_C = \lambda_F$。也就是国内流通的外币收益率等于跨境货币的收益率，如图6.1所示。这时，跨境货币与该国流通的外币份额相当，即美元化率一致。但是，由于跨境货币与外币之间仍存有竞争劣势，必然受到该国国内流通外币的竞争冲击，如支付习惯、贸易投资计价等，这样跨境货币可能因汇率波动风险而使其份额下降，毕竟跨境货币与该国流通使用的外币之间，后者较为坚挺，也受居民偏好。

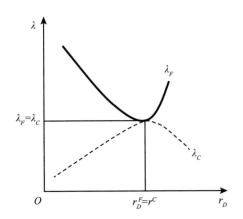

图 6.1 收益率下的外币存款与跨境货币存款份额变动趋势

因而,如果外币和跨境货币存在汇率风险,那么,对外币和跨境货币的选择,则取决于本币与外币、本币与跨境货币、外币与跨境货币的汇率风险大小。

第一种情况:本币与外币汇率风险小,本币与跨境货币汇率风险大。这种情况下,本国居民偏好使用本币或者外币,跨境货币的吸引力较小。

第二种情况:本币与外币汇率风险小,本币与跨境货币汇率风险小。这种情况下,本币、外币、跨境货币均受居民偏好影响,但外币的使用网络外部性高于跨境货币,也就是跨境货币的使用范围有限。

第三种情况:本币与外币汇率风险大,本币与跨境货币汇率风险小。这种情况下,居民可能面临两个选择:本币、跨境货币。一则,持有外币的机会成本(或者损失)可能由于汇率波动较大,选择持有本币,但不排斥也使用跨境货币。事实上,如果本币和外币汇率风险大,要么是本币不稳定,要么是外币不稳定。二则,如果是本币波动较大,那么跨境货币和外币也是居民的选择货币。如果是外币波动过大,那么在短期内,可能无法改变居民的使用习惯,但可增加对跨境货币的持有和使用频次。

因此,理论上存在本币、外币和跨境货币的选择,而这取决于相互汇率波动情况，如图 6.2 所示。本币、外币和跨境货币之间只能选择本币和外币，或者本币和跨境货币两种。外币和跨境货币同时选择的较少，毕竟外币比跨境货币具有很大优势，如在完全美元化的国家，则统一使用外币——美元或欧元等。

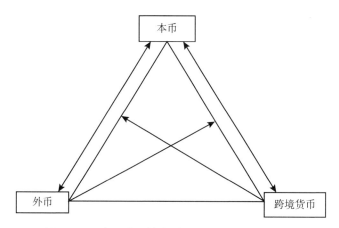

图6.2 汇率风险下的本币、外币和跨境货币选择

所以，如果我们以人民币表示为跨境货币、外币表示为美元、本币表示为基普、缅元、越南盾或是瑞尔，那么在人民币跨境流通的情况下，美元化较高的国家（如柬埔寨、老挝），其美元化如何影响人民币的跨境流通使用呢？根据理论分析，这主要取决于人民币在该国的存款收益率及人民币与美元、基普等的汇率风险大小。

但事实上，人民币在老挝、越南以及柬埔寨等国家的内陆地区流通使用较少，原因在于未得到该国政府的正式承认，赋予人民币合法流通和使用权利，且人民币在这些国家商业银行甚至都不能开立人民币存款账户①，因而

---

① 根据我们在老挝的调查发现，只有中资商业银行（中国工商银行万象分行、中国银行万象分行）、合资银行（老中银行）允许居民和企业开立人民币账户。老挝本国的商业银行则不能开立人民币存款账户，某些商业银行（如老挝外贸大众银行）可以开立企业的人民币结算账户。

从收益率差异来解释货币选择不妥,唯一选择就是从汇率风险、汇率升贬值幅度大小加以判断。如果人民币相对于流通国家货币升值,同时也相对于美元升值,那么人民币在境外国家流通,其受境外非居民的接受程度就会逐渐提高。

与此同时,境外国家由于使用美元历史较长,在选择持有人民币与美元之间必然要权衡一二,而且"持续性"使用美元在短时间内也无法改变,将使用"美元"转换为使用"人民币"存在交易成本(或转换成本),在此情况下,美元化程度的加深将会阻碍人民币在境外流通。

第二节 美元化对人民币跨境流通的影响分析:利率差异视角

一、各国货币存款利率差异

居民持有不同货币也是为了追求较高的回报率。但是在各国,其主权货币的存款收益率不同,在国际金融市场上(外汇市场),投机者便会将不同国家的货币进行转换,以实行套利活动。如图 6.3 所示,在 20 世纪 90 年代,老挝基普的存款利率普遍较高,曾达到 30%。2000 年以来,中国与老挝、缅甸、越南、柬埔寨的存款利率均处于缓慢下行趋势,其中以柬埔寨存款利率最低。近年来,缅甸的存款利率一直保持在 5%~10%,越南则维持在 5% 左右,中国、柬埔寨、老挝的存款利率则相对较低。

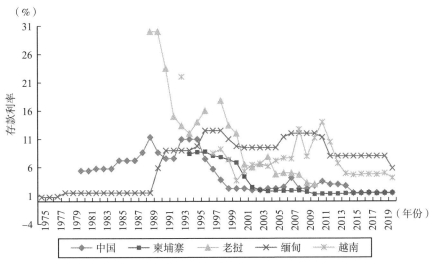

图 6.3 中国与西南周边国家的存款利率走势

资料来源：世界银行。

因此，从利率差异视角来看，在缅甸和越南国内，本币可能较外币（美元），甚至跨境货币（人民币）受欢迎①。当然，这里必须排除政府强烈禁止任何外币（包括跨境货币）的使用，而非居民自主抉择的情形。因此，在缅甸和越南两国，人民币的大量使用仅限于边境地区，主要是出于边民互市、小额贸易等原因而使用人民币，这与边境特殊的地理位置和同族文化有关。

二、国内多货币流通时的利率差异

当一国国内同时流通两种以上货币时，通常收益率较高的货币可能受欢迎。在老挝国内，美元、泰铢和基普均可自由、合法流通。因此，在商业银行体系内，允许开立基普账户、泰铢账户和美元账户，并给予不同货币不同

---

① 事实上，为了促进本币的流通和广泛使用，减少对美元的依赖，缅甸、越南等国推进的"去美元化"措施中不乏提高本国货币利率，降低美元存款利率，甚至美元存款零利率等政策规定。

存款利率。在表6.1中，基普储蓄存款利率浮动范围低于泰铢和美元的储蓄存款利率浮动范围，也就是说，在老挝国内商业银行，可能给泰铢、美元较高的储蓄存款利率。

表6.1   老挝国内商业银行不同货币账户存款利率   单位:%

货币账户	存款类型		时间				
			2016年第二季度	2016年第三季度	2016年第四季度	2017年第一季度	2017年第二季度
基普账户	储蓄存款		0.10~1.96	0.10~1.96	0.75~1.91	0.75~1.91	0.75~1.91
	定期存款	3个月	1.50~4.22	1.50~4.22	1.50~3.20	1.50~3.20	1.50~3.20
		6个月	2.50~4.22	2.50~4.22	2.50~4.02	2.50~4.02	3.00~4.02
		12个月	2.50~6.13	2.50~6.13	3.00~5.72	3.50~5.72	3.50~5.72
		12个月以上	5.00~9.54	5.00~9.54	5.00~6.90	5.00~6.90	5.00~6.84
泰铢账户	储蓄存款		0.12~2.00	0.12~2.00	0.12~2.00	0.12~2.00	0.12~2.00
	定期存款	3个月	0.50~4.00	0.50~4.00	0.65~4.00	0.65~4.00	0.65~4.00
		6个月	0.65~5.00	0.65~5.50	0.65~5.00	6.05~5.00	0.65~5.00
		12个月	0.50~6.50	0.50~6.50	0.75~6.25	0.75~6.25	0.75~6.25
		12个月以上	1.00~7.75	1.00~7.75	3.30~7.25	2.50~7.25	3.30~7.25
美元账户	储蓄存款		0.05~2.00	0.05~2.00	0.05~2.00	0.05~2.00	0.05~2.00
	定期存款	3个月	0.20~4.00	0.20~4.00	0.20~4.00	0.20~4.00	0.20~4.00
		6个月	0.40~5.00	0.40~5.50	0.40~5.00	0.40~5.00	0.40~5.00
		12个月	0.50~6.50	0.50~6.50	0.50~6.00	0.70~6.00	0.70~6.00
		12个月以上	1.00~8.25	1.00~8.25	1.00~7.00	1.00~7.00	2.50~7.00

资料来源：老挝中央银行网站。

从定期存款利率看，虽然基普定期存款利率下限高于泰铢和美元，但是其定期存款利率的上限却低于泰铢和美元，例如，2017年第二季度，基普3个月定期存款利率最低为1.5%，同期泰铢和美元3个月定期存款利率最低分别是 0.5% 和 0.2%，但是，3 个月定期存款利率基普最高为 3.20%，泰铢和美元则是 4%。可见，对于定期存款，泰铢、美元的浮动范围较宽。

一方面，说明老挝商业银行提高基普的最低存款利率，但浮动范围有限，却给予泰铢、美元存款利率较高浮动范围。另一方面，泰铢和美元在老挝受欢迎程度较高，而且泰铢比美元还受欢迎，这点可以从泰铢的储蓄存款、定期存款利率超过美元得知。

虽然，人民币在中老边境及内陆民间使用广泛，但是官方不允许开立人民币存款账户（仅老挝外贸大众银行能开立人民币账户），人民币在老挝银行体系的储备量较少，民间储备量则较大，但使用时仍需要转换成美元或者基普使用。

三、美元使用率较高国的利率差异

柬埔寨美元化程度较高，美元使用广泛，相应的美元存贷款利率也较高。在柬埔寨的主要商业银行公布的定存利率数据中[1]（见表 6.2），美元定期存款一年能达到 4.25% ~ 5.5% 的高利率，定期存款 2 年，利率甚至高达 6%[2]。

表 6.2　　　　2017 年第一季度柬埔寨主要商业银行美元定期存款利率　　　单位：%

定期存款	阿克莱达银行	加华银行	马来西亚银行	金边商业银行	亚洲先进银行
3 个月	2.5	2.5	2.25	3.25	3.25
6 个月	3.75	3.5	3.25	4.25	4.25
9 个月	4.25	4.0	3.75	—	—

---

[1] 在柬埔寨的微型商业银行中，一年期美元的定期存款利率大约 7% ~ 8%，比一般商业银行的美元存款利率还要高。

[2] 柬埔寨商业银行的美元贷款利率，大约在 9% ~ 12%，比存款利率高出 6% ~ 7% 的利差。

续表

定期存款	阿克莱达银行	加华银行	马来西亚银行	金边商业银行	亚洲先进银行
12 个月	5.0	4.75	4.25	5.5	5.25
24 个月	5.5	5.5	—	6.0	5.75

注："—"表示无数据。
资料来源：柬埔寨房地产投资与咨询。

与之相比，柬埔寨瑞尔的存款利率，年均储蓄存款利率在 1.5% 左右，定期存款则相对较高，如图 6.4 所示。如 2017 年瑞尔 6 个月定期存款利率为 5.13%，12 个月定期存款利率为 6.38%，稍比同期美元 6 个月、12 个月的定期存款利率高，定期存款利率总体呈缓慢下行趋势。

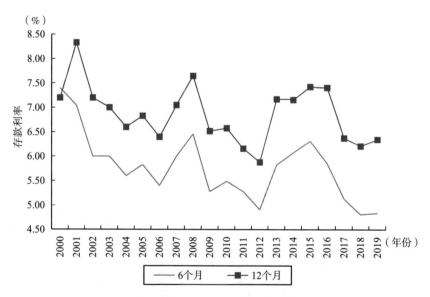

图 6.4　柬埔寨瑞尔年平均定期存款利率变动趋势

资料来源：亚洲开发银行。

由此可见，在柬埔寨商业银行内，瑞尔和美元的存款利率大体相当，且瑞尔存款利率有下降趋势。由于在柬埔寨的美元使用率高，无论瑞尔的存款利率是否高于同期美元的存款利率，居民（或者企业）都可能愿意选择持有美元。而人民币在柬埔寨的使用、流通起步晚，对人民币支付的存款利率可能低于美元、瑞尔的存款利率，甚至不支付存款利率。

四、小结

综合以上三个方面的分析，若从利率差异视角来看，则美元化对人民币跨境流通的影响较小。首先，美元与人民币均属于外币，而且在周边国家的银行体系中，人民币的流通还不具有合法性，因而（外资）商业银行体系内的人民币存量少，无法开立人民币账户，也无人民币存款利率。其次，美元霸权地位难撼，在全球使用网络广泛，而且得到普遍认同，中国西南周边国家除使用自己本国货币外，使用美元进行计价、结算不足为怪。相比之下，人民币国际地位和使用有限，并不能在周边国家替代美元，成为地区内的关键货币。

第三节　美元化对人民币跨境流通的影响分析：汇率风险视角

一、中国与西南周边国家货币兑美元汇率

在中国西南周边国家，其货币兑美元的汇率波动不定，导致其本币汇率风险不断上升。自2000年以来，人民币兑美元呈现小幅升值趋势，缅元兑美元呈现先升值后大幅贬值态势，而基普兑美元、瑞尔兑美元、越南盾兑美元

汇率变化不大，如表6.3所示。平均来看，人民币兑美元年均为7.25，标准
差仅为0.87，但是瑞尔、越南盾兑美元汇率则更高，标准差也较大，其中以
越南盾兑美元汇率最高，表明越南盾兑美元汇率风险高、基普兑美元和缅元
兑美元的汇率风险程度次之。

表6.3　　中国西南周边国家货币兑美元年均汇率（直接标价法）

年份	人民币兑美元	缅元兑美元	基普兑美元	瑞尔兑美元	越南盾兑美元
2000	8.28	6.52	7887.64	3840.75	14168
2001	8.28	6.75	8954.58	3916.33	14725
2002	8.28	6.64	10056.33	3912.08	15280
2003	8.28	6.14	10569.04	3973.33	15510
2004	8.28	5.81	10585.38	4016.25	15746
2005	8.19	5.82	10655.17	4092.50	15859
2006	7.97	5.84	10159.94	4103.25	15994
2007	7.61	5.62	9603.16	4056.17	16105
2008	6.95	5.44	8744.22	4054.17	16302
2009	6.83	5.58	8516.05	4139.33	17065
2010	6.77	5.63	8258.77	4184.92	18613
2011	6.46	5.44	8030.06	4058.50	20510
2012	6.31	640.65	8007.76	4033.00	20828
2013	6.20	933.57	7860.14	4027.25	20933
2014	6.14	984.35	8048.96	4037.50	21148
2015	6.23	1162.62	8147.91	4067.75	21698
2016	6.64	1234.87	8179.27	4058.69	21935
2017	6.76	1360.36	8351.53	4050.58	22370
标准差	0.87	526.46	1042.37	82.50	2884.59
均值	7.25	354.87	8923.11	4034.58	18043.80

资料来源：国际货币基金组织国际金融统计。

因此，相较于缅元、基普、瑞尔和越南盾，人民币汇率风险表现最低，
人民币的币值相对于美元较高，同时，也比缅元、基普、瑞尔和越南盾的币

值高。例如，2017 年人民币 1 元约合 201 缅元、1235 基普、599 瑞尔、3309 越南盾①，如表 6.4 所示。

表 6.4　　　　　人民币兑缅元、基普、瑞尔和越南盾的年均汇率

（套算汇率，间接标价法）

年份	人民币兑缅元	人民币兑基普	人民币兑瑞尔	人民币兑越南盾
2000	0.79	952.79	463.94	1711.39
2001	0.82	1081.85	473.15	1779.03
2002	0.80	1214.98	472.65	1846.03
2003	0.74	1276.91	480.04	1873.81
2004	0.70	1278.92	485.24	1902.43
2005	0.71	1300.31	499.43	1935.35
2006	0.73	1274.22	514.61	2005.94
2007	0.74	1262.32	533.18	2117.00
2008	0.78	1258.40	583.45	2346.10
2009	0.82	1246.60	605.93	2498.03
2010	0.83	1219.86	618.13	2749.21
2011	0.84	1242.76	628.11	3174.17
2012	101.49	1268.59	638.91	3299.57
2013	150.68	1268.63	650.00	3378.67
2014	160.23	1310.17	657.21	3442.38
2015	186.69	1308.38	653.19	3484.16
2016	185.85	1230.99	610.84	3301.24
2017	201.27	1235.66	599.31	3309.79
标准差	81.72	86.78	72.63	688.57
均值	55.31	1235.13	564.85	2564.13

资料来源：国际货币基金组织国际金融统计。

---

① 这个汇率应是官方汇率，而非民间汇率，民间汇率可能更高。

二、中国与西南周边国家货币兑美元汇率升（贬）值幅度

汇率变动趋势仅能观察汇率走势，但不能看出升值（或贬值）大小。因此，需要计算汇率的升贬值幅度，以判断各国货币相对美元是升值还是贬值。因此，本书计算 2001～2017 年人民币、缅元、瑞尔、基普和越南盾对美元的升贬值幅度，如图 6.5 所示。

从升（贬）值幅度来看，2001～2017 年，人民币兑美元年均升值1.14%，最高时升值近 9%，2016 年后出现大幅贬值（贬值 6.7%）。与人民币兑美元升值不同的是，缅元兑美元、基普兑美元、越南盾兑美元均表现出不同程度的贬值，其中以缅元兑美元的贬值幅度最大（2012 年官方调整过一次缅元兑美元汇率），其次是越南盾兑美元。

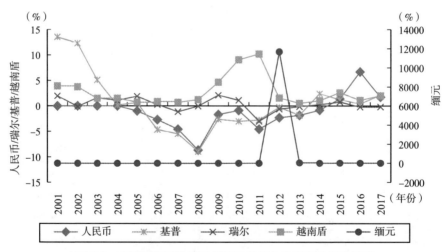

图 6.5　中国西南周边国家货币兑美元年均汇率升贬值幅度

注：负值表示升值，正值表示贬值。
资料来源：国际货币基金组织国际金融统计。

综合上述分析可知,从汇率风险视角,本书认为人民币与美元在老挝、越南、缅甸、柬埔寨具有较强的竞争关系,人民币与美元都可能会成为这些国家居民外币的选项,但由于美元在这些国家的流通时间长、使用范围广,人民币在短期内难以和美元竞争,但长期来看具有良好的发展前景。

第四节　美元化对人民币跨境流通影响的实证研究

美元化可能影响(抑制)人民币的跨境流通。这既是货币竞争的综合结果,也是跨境货币的国际地位有限的结果。由于在位货币使用惯性缘故,且很难让位于新进入的跨境货币,从而决定了跨境货币很难在境外得到合法地位和拥有较高使用量,其国际地位较低也决定了其不能与国际货币一样具有持久吸引力。为从实证上考察和证实美元化对人民币跨境流通的影响,本书建立计量经济模型进行严格分析。

一、计量模型设定

为能精确识别美元化对人民币跨境流通的影响力度、作用方向,本书根据马荣华(2006)、董继华(2008)、刘方等(2015)等的研究,设定美元化对人民币跨境流通影响的基准计量模型如下:

$$\ln Crmb_{it} = \alpha_0 + \alpha_1 Dollarization_{it} + \alpha'_2 X_{it} + \lambda_i + \eta_t \qquad (6.7)$$

式(6.7)中,$\ln Crmb_{it}$ 表示第 i 国(老挝、柬埔寨、越南)[①] 第 t 时(2003~2017 年)的人民币跨境流通量对数,$Dollarization_{it}$ 表示第 i 国第 t 时

---

① 由于无法获得缅甸外币存款的具体数字,无法计算其美元化程度,所以删除缅甸。

的美元化程度，X_{it} 表示其他一系列影响人民币跨境流通的变量，如人民币对基普、越南盾、瑞尔的升贬值幅度（$Value$）、境外国家的经济发展水平（$\ln Pgdp$）、金融发展水平（Dev）和通货膨胀率（Cpi）、从中国的进口规模（$\ln Import$）、中国对该国的直接投资存量（$\ln Odi$）。α_0、α_1、α_2 分别是待估计参数，λ_i、η_t 分别表示未观测的截面固定效应和时间效应。

式（6.7）中，我们预期 $\alpha_1 < 0$，且显著，则说明美元化程度的提高将会显著抑制人民币跨境流通规模。其他情况则表明美元化程度的提高不会显著影响人民币跨境流通规模。

历史上中国货币就已在南亚、东南亚国家流通和使用，改革开放以来，特别是1993年中国与周边国家恢复外交关系后，人民币开始在边境地区大量使用，跨境流通规模不断增多，因此人民币跨境流通具有持续性，也即先前的人民币跨境流通会带动后续人民币跨境流通规模的扩大，从而表现出"惯性效应"。在计量经济学中，我们通过加入被解释变量的滞后一期作为自变量，解释这种惯性作用的大小。

据此，我们在式（6.7）中加入人民币跨境流通的滞后一期变量，则该模型变为动态面板模型：

$$\ln Crmb_{it} = \alpha_0 + \alpha_1 \ln Crmb_{it-1} + \alpha_2 Dollarization_{it} + \alpha_3' X_{it} + \lambda_i + \eta_t \quad (6.8)$$

式（6.8）中，$\ln Crmb_{it-1}$ 表示第 i 国第 $t-1$ 时的人民币跨境流通量对数，若 $0 < \alpha_1 < 1$，表明前期人民币跨境流通将会显著促进当前的人民币跨境流通，而且具有收敛趋势。动态面板模型通常使用系统 GMM 和差分 GMM 两种方法同时估计。一般来说，系统 GMM 比差分 GMM 具有较好的估计效率，为了作为比照，我们同时使用两种估计方法。

二、数据来源

人民币跨境流通数据根据第五章第五节的估计方法进行测算。美元化程

度指标采用外币存款占 M2 的比重表示，其与人民币升贬值幅度的数据来源
于国际货币基金组织国际金融统计（IFS）；其余数据来自世界银行世界发展
指标数据库、中国对外直接投资统计公报。

三、描述统计

在表6.5中，以直接投资为基础测算的人民币跨境流通量呈现显著增长
趋势，最高达到5.58（对数值）、最低时为 - 0.89，而美元化程度最高升至
83%，最低也仅有8%，分国别来看，柬埔寨美元化程度最高，其次是老挝
的美元化程度居中（约在40%以上），越南的美元化程度最低，2008年以来
在20%以下，如图6.6所示。人民币对基普、瑞尔和越南盾的贬值幅度最低
为6%，升值最高得到15%。其他数据也表现出极大差异。

表6.5 　　　　　　　　　　　　**变量的描述统计**

变量	样本量	最小值	均值	中位数	最大值	标准差
$\ln Crmb$	45	- 0.89	3.30	3.78	5.58	1.77
$Dollarization$	45	0.08	0.49	0.46	0.83	0.26
$Value$	45	- 0.06	0.02	0.02	0.15	0.04
$\ln Pgdp$	45	6.23	6.96	6.97	7.51	0.32
Cpi	45	- 0.01	0.06	0.05	0.25	0.05
Dev	45	0.08	0.19	0.16	0.39	0.09
$\ln Import$	45	4.65	7.70	7.51	10.95	1.85
$\ln Odi$	45	6.24	11.00	11.50	13.41	1.96

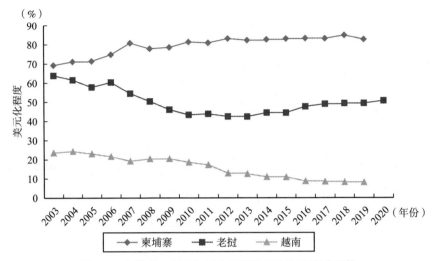

图6.6　柬埔寨、老挝和越南三国美元化程度变动趋势

资料来源：国际货币基金组织国际金融统计。

美元化与人民币跨境流通（对数值）的散点图和无条件拟合发现美元化负向影响人民币跨境流通，线性回归系数为0.83，但拟合效果较差，说明美元化对人民币跨境流通的影响还受其他因素的制约。

四、实证结果

由于是长面板数据（$T = 15 > N = 3$），对于可能存在的固定效应，只要加入个体虚拟变量即可进行估计（LSDV法）。对于时间效应，可以通过加上时间趋势项或平方项进行控制。由于扰动项可能存在组间异方差或组内自相关，因此需要进行检验。

（一）组间异方差检验

组间异方差的检验方法为沃尔德检验，从检验结果可知，p值为59.77%，远大于1%，故不存在组间异方差，具体检验结果如表6.6所示。

表 6.6 组间异方差检验结果

Modified Wald test for group wise heteroskedasticity

in fixed effect regression model

H0：sigma（i）^2 = sigma^2 for all i

chi2（3）= 1.88

prob > chi2 = 0.5977

（二）组内自相关检验

组内自相关的检验方法为伍德里奇检验，从检验结果可知，p 值为 2.29%，远小 5%，强烈拒绝不存在一阶组内自相关的原假设，具体检验结果如表 6.7 所示。

表 6.7 组内自相关检验结果

Wooldridge test for autocorrelation in panel data

H0：no first order autocorrelation

F（1, 2）= 42.083

prob > F = 0.0229

（三）FGLS 估计

为了解决组内自相关导致的估计偏误，我们使用可行的广义最小二乘法 （FGLS）进行回归分析。由于截面个数较少，我们在估计时允许每个个体均有相同的自回归系数，回归结果如表 6.8 所示。在表 6.8 中，我们发现，美元化与人民币跨境流通的回归系数始终（显著）为负，在控制所有变量后，美元化对人民币跨境流通的回归系数下降到 -0.5764，而且在 10% 的水平上显著。其经济意义说明，美元化程度每提高一个单位，将会导致人民币跨境流通量减少 57.64%。

表 6.8   FGLS 估计结果（因变量 = ln*Crmb*）

变量	（1）	（2）	（3）
Dollarization	-1.6184 （-0.9922）	-1.3238 （-0.8151）	-0.5764* （-1.7634）
Value	2.8861 （0.7299）	2.1360 （0.5523）	-0.6301 （-0.9051）
ln*Pgdp*	3.5166 （0.8860）	2.8075 （0.7120）	0.9559 （1.5817）
Cpi	-1.9207 （-0.6326）	-2.4827 （-0.8225）	-0.0572 （-0.1213）
Dev	4.9572* （1.8465）	4.0825 （1.5110）	0.8757 （1.5478）
ln*Import*		0.6240 （1.4530）	-0.0958 （-0.8756）
ln*Odi*			0.8825*** （35.0081）
2. *id*	-2.0332 （-1.2586）	-1.0159 （-0.5567）	-0.6629** （-2.1007）
t	0.1598 （0.7030）	0.0615 （0.2833）	-0.0282 （-0.7978）
3. *id*	-3.5446 （-1.4899）	-4.4632* （-1.9364）	-0.7370* （-1.6675）
常数项	-20.6837 （-0.8342）	-19.7230 （-0.8217）	-11.5041*** （-3.1881）
样本量	45	45	45
R^2	0.860	0.877	0.996
截面数	3	3	3
截面固定	yes	yes	yes
自回归系数	0.119	0.0719	0.0507

注：括号里为 z 统计值；*** $p < 0.01$，** $p < 0.05$，* $p < 0.1$；*t* 为时间趋势变量，*id* 为截面代码。

在表6.8的列（3）中，人民币兑基普、越南盾和瑞尔升值（升值为负，贬值为正）将会促进人民币跨境流通增加，人民币每升值1%，将会促进人民币跨境流通提高0.63%。老挝、越南、柬埔寨经济发展水平、金融发展水平的提高也会促进人民币的跨境流通，而老挝、越南、柬埔寨国内通货膨胀的上升，将会抑制人民币的跨境流通，这点与现实存在一定差距。

因为，若老挝、越南、柬埔寨国内的通货膨胀高企，货币贬值较大，将会丧失对本币的信心，从而使得居民和企业选择较为坚挺的外国货币，因而可能会加剧人民币的境外流通。同时，由于人民币在边境使用较多，而在这些国家的内陆地区使用较少，本国大部分居民可能选择持有美元、泰铢等外币，而较少选择持有人民币。

（四）动态面板估计

我们同时使用系统 GMM 和差分 GMM 对式（6.8）进行动态面板估计，结果如表6.9所示。在表6.9中，我们发现前一期人民币跨境流通的估计系数大约为0.07，而且在1%的水平上显著，这说明，前期人民币跨境流通量每增加1%，将会带动本期人民币跨境流通量增长0.078%。

表6.9 动态面板估计结果（因变量 $= \ln Crmb$）

变量	（1）Dif-GMM	（2）Sys-GMM
$\ln Crmb_{-1}$	0.071 *** (3.244)	0.077 *** (19.056)
Dollarization	−0.129 (−1.180)	−0.114 *** (−3.854)
Value	−0.496 (−0.767)	−0.671 (−0.865)

续表

变量	(1) Dif-GMM	(2) Sys-GMM
$\ln Pgdp$	0.278 * (1.840)	−0.130 (−1.421)
Cpi	0.199 (0.365)	0.137 (0.204)
Dev	0.571 (1.316)	0.733 (1.361)
$\ln Import$	−0.133 * (−1.741)	−0.013 (−0.726)
$\ln Odi$	0.856 *** (41.537)	0.834 *** (39.354)
常数项	−7.275 *** (−14.040)	−5.168 *** (−10.760)
样本量	39	42
截面数	3	3
工具变量数	40	53

注：括号里为稳健 z 统计值； *** $p<0.01$、** $p<0.05$、* $p<0.1$。

同时，我们发现美元化的系数仍为负，而且使用系统 GMM 估计时在 1% 的水平上显著，表明在考虑人民币跨境流通的惯性作用时，美元化对人民币跨境流通具有显著的负向影响，但影响程度已下降到 11.4%。因此，面对美元化的冲击，要充分利用中国与周边国家接壤的地理优势，加大边境地区的人民币流出，进而逐渐由边境地区向内陆地区扩展，形成人民币的周边次区域。其余变量符号与表 6.8 类似。

理论和实证结果均表明，在中国西南周边国家美元化程度较高的情况下，人民币跨境流通虽然在边境流通和使用规模不断扩大，但在内陆地区，人民币的流通使用量则相对较小，这与中国西南周边国家长期使用美元所导致的支付习惯有影响。因而，美元化对人民币跨境流通的负面影响在内陆地区比边境地区更大。在人民币区域国际化进程中，特别是在周边国家的流通使用，人民币可能面临与美元的竞争，而且还与该国的经济金融条件密切关联。

（五）相对重要性分析

在实证经济学中，一个重要的问题是探究不同解释变量对被解释变量方差的贡献度。由于截面个数只有 3 个，我们分别对每个截面数据进行最小二乘回归，比较每个变量的相对重要性。

相对重要性是以色利（Isareli，2007）在前人研究的基础上提出来的。该方法旨在确定线性回归中，不同解释变量对可决系数的贡献度，其思想是把总离差平方和进行分解为：

$$\mathrm{Var}(y) = \sum_{j=1}^{J} \mathrm{Cov}(b_j x_j, y) + \mathrm{Cov}(e, y) \tag{6.9}$$

式（6.9）中，y 为被解释变量，x 为解释变量，j 为解释变量的个数，b_j 为第 j 个解释变量的线性回归系数。

由式（6.9）可得不同解释变量的相对贡献度：

$$R^2(y) = \frac{\sum_{j=1}^{J} b_j \mathrm{Cov}(x_j, y)}{\mathrm{Var}(y)} = 1 - \frac{\mathrm{Cov}(e, y)}{\mathrm{Var}(y)} \tag{6.10}$$

通过式（6.10），利用线性回归方法，可得各变量的相对重要性结果如表 6.10 所示。在表 6.10 中，我们发现人民币对外直接投资（$\ln Odi$）的贡献度为 0.5298，境外国家经济发展水平（$\ln Pgdp$）的贡献度为 0.2246，美元化程度的贡献度为 0.041。这说明在该线性回归中，各变量的相对重要性排序为 $\ln Odi > \ln Pgdp > \ln Import > Dollarization > Cpi > Dev > Value$，美元化的贡献度排名第4。这与表6.8和表6.9中对应变量的显著性结果推论一致。

表6.10   各变量的相对重要性结果

变量名称	重要性统计值	标准化重要性统计值	排名
Dollarization	0.0410	0.0412	4
Value	0.0175	0.0176	7
ln*Pgdp*	0.2246	0.2256	2
Cpi	0.0356	0.0358	5
Dev	0.0304	0.0306	6
ln*Import*	0.1165	0.1171	3
ln*Odi*	0.5298	0.5322	1

第七章

研究结论与政策建议

中国西南周边国家美元化的形成具有一定的历史因素。随着"一带一路"倡议、RCEP 协议的实施，中国（云南）与西南周边国家的经贸金融合作必将紧密和频繁。但是，由于中国西南周边国家使用美元较多，对人民币在西南周边国家的跨境流通和使用存在一定抑制，这也是人民币仅能在边境地区流通的主要原因，人民币在西南周边国家内陆地区的使用率远低于美元。因此，推进人民币在西南周边国家的跨境使用和流通，不仅要找准人民币周边区域化的着力点，还要有完整的配套政策措施，才能为推动人民币向南深入"走出去"提供重要驱动力。

基于此，本书系统研究了美元化及人民币跨境流通的基本理论，阐释了西南周边四国美元化的动因、历程与现实情况，运用 DSGE 模型探讨了美元化的宏观经济效应；从贸易、投资与跨境人民币结算视角剖析了中国及云南省与周边国家的经贸投资、跨境贸易人民币结算等情况，初步概算了人民币在中国西南周边国家跨境流通规模，总结了人民币在中国西南周边国家跨境流通面临的困难与挑战；提出了包含本币、跨境货币和外币的基本模型，解释了美元化对人民币跨境流通的影响机制，其主要取决于两者货币的相对汇率风险大小，最后实证研究了中国西南周边国家美元化对人民币跨境流通的影响程度。

基于规范分析、实证分析、数理分析等综合研究方法，得出了研究的主要结论及相关政策启示。

第一节 研究结论

一、美元化与人民币跨境流通层次、目的存有差异

理论分析表明，虽然美元化肇始于高通胀（或宏观经济不稳定），且存在不同程度的美元化和不同方式的美元化。但是，其与人民币跨境流通存在有明显的不同。首先，人民币跨境流通是人民币跨越国境，在境外执行货币的某些职能，而不是替代境外国家货币，某种意义上说，人民币与境外国家货币可以互通使用。其次，人民币跨境流通并不是要形成"人民币化"，人民币在境外非居民的接受使用度仍较低。最后，人民币跨境流通是要推动西南周边国家与中国更紧密的经贸、金融合作关系，是一种通过货币与金融合作方式产生双边共赢的行为。

二、中国西南周边国家美元化有其历史因袭，但分化明显

从理论和实证分析发现，老挝、柬埔寨、越南、缅甸等国家，美元化起因均源于国内高通胀，导致本国居民对本币失去信心，特别是柬埔寨还与其国内动荡、宏观经济管理不当、金融改革迟滞等原因有关。但是，在各自国家独立后的改革与经济发展进程中，老挝、越南、缅甸的美元化程度逐渐呈下降趋势，其中越南美元化程度已低于10%，老挝和缅甸则稳定在40%左右；相反，柬埔寨则呈上升趋势，在2017年2月达到84%的历史峰值，而且近年来不断在80%左右徘徊，显现出一定的持续性与稳定性，柬埔寨美元化程度一直居高不下。中国西南周边四国美元化程度的趋势分化明显，也突出了中国西南周边国家美元化的迥异情况与对待美元政策（去美元化）的差异性。

三、中国西南周边国家美元化的国内宏观经济效应明显不同

DSGE模拟结果表明，中国西南周边国家美元化程度的提高不同程度地抑制了产出、消费和投资，其中以柬埔寨的影响最大。与此不同的是，美元化程度的提高却显著的抬高了通货膨胀率、加剧本币贬值、提高国内利率和本币的货币供给，具有明显的差异性。因而，在高度美元化国家必须重视美元化带来的综合效应，特别是在多种外币共同流通使用的国家（如在老挝，泰铢、美元、基普可以同时流通），其本币的货币供给增长加快、通货膨胀率提高、汇率贬值加大都可能会损害宏观经济的稳健性，而美元使用规模的大量增加也将抑制以本币为主导的消费和投资规模，严重影响本国的产出水平。

四、人民币在中国西南周边国家跨境流通量增大，但国别差异较显著

从国家层面看，中国与老挝、缅甸、柬埔寨、越南等国贸易、投资不断增加，中国已成为缅甸第一大进出口国，老挝第二大进出口国，而且中国对西南周边四国的直接投资存量和流量也持续增加。

从云南省层面看，其对东盟国家的进出口已经演变为以周边国家进出口为主，无论是进口还是出口，其占比均超过 70%，而且进口比重甚至更高。因此，云南省与周边国家的经贸关系更为紧密。根据贸易和投资数据测算，2017 年人民币在越南的流通量最多（1436.35 亿元），在老挝、缅甸的流通量相当（分别是 265.78 亿元、278.8 亿元），在柬埔寨的流通量最少（211.23 亿元），体现一定的国别差异。

五、中国西南周边国家美元化对人民币跨境流通具有显著的抑制作用

从理论和实证分析表明，中国西南周边国家居民选择持有人民币或美元，取决于本国货币对人民币、美元的汇率风险大小，而非利率差异。美元化产生的持久性和不可逆性加剧了美元化对人民币跨境流通的影响程度。中国西南周边国家已有的美元化程度，将在一定程度上抑制人民币的跨境流通，特别是人民币在中国西南周边国家的内陆地区的大量流通和使用。但是，随着人民币在边境地区跨境使用量的不断提升，将会削弱美元化对人民币跨境流通的抑制作用，程度会下降至 11.4%。因而，依靠独特的区位优势，以人民币边境跨境流通为基础，深入推动人民币不断"走出去"将有助于扩展人民币的周边区域使用。

第二节　政策建议

虽然云南省周边国家美元化的历史长久，但是近年来各国"去美元化"政策的推进，使得美元化程度有所下降（柬埔寨除外）。而且，云南省与老挝、越南、缅甸接壤，在边境地区存在大量的人民币跨境流动，要推进人民币在周边国家的内陆地区的深入使用、流通，就必然面临与美元的竞争，因此，因应之策必须统筹规划，精准实施。具体来说，有如下四个方面：

（1）在全球经济"去美元化"的趋势下，加强对周边国家的贸易和直接投资合作。通过抓住"一带一路"倡议、RCEP 的良好契机，推动对周边国家的贸易、投资合作，特别是推动对周边国家直接使用人民币进行投资，可以更好地促进人民币在周边国家内陆地区的流通使用，促使人民币跨境流通由边境地区向内陆地区的深度扩展延伸，提高人民币在周边区域的可接受度和使用率，推进更高层次的人民币周边区域化。

通过深化与"一带一路"沿线国家及云南省周边国家的双边（多边）经济合作，在对外贸易和对外直接投资时更多采用人民币结算、计价的方式，能够增加贸易和投资领域的人民币结算和融资规模，极大提高人民币在周边国家和地区的"存在感"，逐步形成人民币贸易和投资的经济圈。在巩固人民币经常项下结算试点的基础上，以自贸试验区金融创新为依托，进一步争取国家政策支持，将试点向资本和金融项下人民币结算延伸，扩大跨境人民币双向贷款和双向资金池业务覆盖面，推进跨境双向人民币债券、跨境双向股权投资和跨境金融资产转让等业务试点。

（2）虽然越南"去美元化"政策效果较好，但柬埔寨、老挝"去美元化"效果有限，长期内将会影响人民币在该国内陆地区的使用，人民币与美元、周边国家货币的竞争可能变得激烈。2017 年 9 月，人民币与瑞尔实现在中国银行间市场区域交易，而人民币与基普、越南盾则处于银行挂牌交易阶段，后续若能加强同周边国家的金融合作，推动人民币与基普、越南盾等实现银行间市场区域交易，则是扩大人民币与周边国家货币直接兑换的重要渠道，避免直接与美元竞争，同时推动周边国家居民交易和使用人民币，提高人民币知名度，从而助推人民币的周边区域化层次。

争取国家支持，在昆明跨境人民币结算中心和已初步构建的以银行间市场区域交易为支撑、银行柜台交易为基础、特许兑换为补充的全方位、多层次人民币与周边国家货币区域性货币交易"云南模式"基础上，建立人民币对周边国家货币跨境离岸业务中心，培育由驻云南金融机构、云南地方金融机构、外贸企业及周边国家金融机构及其在云南分支机构为市场主体的人民币与周边国家货币汇兑、交易、调剂、投资与储备机制，为居民和非居民企业提供全面的跨境资金汇兑、结算、投融资服务，提供人民币安全出入境通道，建立人民币与周边国家货币汇率协调机制，使人民币与周边国家汇率定价规范、透明、符合国际金融准则，逐步把握汇率定价的主动权和话语权，不断增强人民币的区域影响力。

另外，在金融合作方面，云南省应借助自身区位优势，大力尝试建立人民币离岸业务中心和人民币跨境清算（结算）中心，并积极与周边国家和地区对接跨境人民币支付系统（CIPS），合力搭建安全、高效、便捷的跨境结算和清算网络，在中国（云南）自由贸易试验区的政策框架下，不断扩大金融开放，积极创新跨境金融业务，提高人民币在周边国家的知名度和人民币的区域国际化水平。

针对金融基础设施建设以及制度设计较为薄弱的国家，云南省还可以发挥毗邻优势，加强对这些国家相关部门的金融辅助培训和信息技术支持力度，并适时嵌入区块链、数字技术，为跨境人民币结算提效增益，促进数字人民币在周边国家贸易和投资中落地。在现有周边国家货币直供渠道的基础上，进一步建成面向越南、老挝、缅甸三国，辐射东南亚国家的非主要国际储备货币现钞调剂中心、扩大现钞调运资金规模，既保障周边国家的现钞调运需求，也促进人民币安全有序回流。

（3）保持人民币币值坚挺是推动人民币境外流通的重要前提，同时这也是大多数货币国际化（或人民币国际化）实证类文献得出的重要结论。保持人民币币值对周边国家货币坚挺，将有助于吸引周边国家境外投资者、境外非居民大量接受和使用人民币，从而扩大人民币的境外流通。

人民币跨境流通使用甚至是人民币的区域国际化一个重要基础和前提是要以强大的经济实力、发达的金融市场、资本项目可自由兑换等经济金融条件为支撑。在我国经济进入"新时代"后，保持了较为稳健的增长，经济质效并增，在经济规模适度增加的同时，更应保持良好的经济运行状态，做到物价、汇率稳定、经济结构合理，以支持人民币国际化发展。同时，发达的金融市场和资本项目可兑换也不可偏废，这就要深化金融市场改革与开放，建立功能完备、运行高效的多层次金融市场，渐次推进人民币资本项目可兑换。

（4）人民币与越南盾、基普和缅元的直接交易大多是经过边境地区的"地下钱庄"或"地摊银行"进行，但是，随着"一带一路"倡议的深入实施，人民币在边境地区的经贸交往使用中不断增多，跨境人民币结算业务的兴起，使诸多货币兑换公司、商业银行争相开展人民币对周边国家货币的挂牌业务，这就会大量涉足人民币与周边国家非储备货币的兑换。

因此，不断完善人民币与基普、越南盾、缅元的交易机制，待条件成熟后，推动人民币与基普、越南盾实现银行间市场区域交易，扩容银行间市场区域交易的报价行，逐渐形成公开、透明和市场化运作的人民币对周边国家货币汇率形成机制，提供更加多样化的统一完善的货币兑换服务，从而有助于增强人民币汇率韧性和境外接受度，最终促进人民币的区域国际化。

第三节 后续议题

一、拉丁美洲美元化与东南亚地区美元化的比较研究

纵观全球美元化的历史，不难发现，美元化现象起始于20世纪70年代的拉美地区。当时，拉美地区国家放开本国市场和实行金融自由化政策，取消外汇管制，放松本币与外币的兑换限制。加之这些国家长期受经济不稳定的影响，如通胀高企、国际收支逆差和债务危机困扰等，使得居民对本国货币失去信心，国内居民大规模、持续性地持有美元。

与拉美地区不同，东南亚地区国家可能还与其国内经济动荡、币制改革不善、通胀高企等因素有关，从而诱发这些国家的美元化问题。因此，对于两个地区——拉美、东南亚美元化的比较分析则显得重要而有意义，后续研究将聚焦于此，以找到触发美元化的共同诱因和特殊因子。

二、美元化背景下的区域金融合作与人民币国际化

区域内美元化现象的存在，即允许公认的国际货币（美元、欧元或日元）在本国大规模流通和使用，而本币使用则仅限在一小范围的情况。由于存在不可逆性，当使用其他外币代替在本国长期使用的外币存在困难，新的外币的流通和使用必然受限。一方面，新的外币兑换有限、使用有限，以及政府金融政策的限制，其使用规模和频次不及原有的外币。另一方面，新的外币进入由于多种原因可能会遭受排挤。因此，在东南亚地区美元化国家中，人民币的跨境流通和使用自然没有美元那么广泛，如何促进人民币在这些国

家的跨境流通和使用，值得认真思考和探索。在区域金融合作的大趋势下，通过与对象国开展各种各样的金融合作方式可能是一种较好的渠道，以这种双边金融合作化解美元化的阻碍，从而推进人民币区域国际化是个较好的研究趋势，后续将对此进行关注。

三、中国西南周边国家去美元化政策的比较研究

尽管中国西南周边四国都不同程度地出台了若干"去美元化"的政策，但是这些政策的实施效果却大相径庭：有的国家美元化程度仍然高企，而有的国家美元化程度却下降很快。那么，造成这种反差的原因究竟是什么？是政策本身问题，还是国家体制机制问题？为了能够找出导致去美元化效果反差的根本原因，有必要深入研究这些国家的"去美元化"政策差异，比较不同国家在政策制定、执行过程中的异质性，能够为我们打开美元化不可逆的真相。

参 考 文 献

[1] 巴曙松，严敏. 人民币现金境外需求规模的间接测算研究: 1999—2008 [J]. 上海经济研究, 2010 (1): 19 – 25.

[2] 蔡辉明，易纲. 美元化利弊及美国的态度 [J]. 国际经济评论, 2003 (3): 5 – 10.

[3] 陈柳钦. 美元化的宏观政策效应与中国的政策思路 [J]. 现代国际关系, 2005 (2): 52 – 58.

[4] 陈文慧. 东亚货币合作进程中人民币区域化研究——基于 SVAR 模型的分析 [J]. 区域金融研究, 2012 (10): 63 – 69.

[5] 陈雨露. "一带一路" 与人民币国际化 [J]. 中国金融, 2015 (19): 40 – 42.

[6] 程贵，张小霞. "一带一路" 倡议是否促进了人民币国际化? ——基于 PSM-DID 方法的实证检验 [J]. 现代财经（天津财经大学学报）, 2020, 40 (10): 80 – 95.

[7] 丁剑平，向坚，蔚立柱. 纳入人民币的 SDR 汇率波动: 稳定性与代表性的检验 [J]. 国际金融研究, 2015, 339 (12): 3 – 10.

[8] 丁文丽，李艳，游溯涛. 中国边境地区地下金融现状调查——云南案例

[J]. 国际经济评论，2011（6）：123 -131.

[9] 董继华. 人民币境外需求规模估计：1999—2005 [J]. 经济科学，2008
（1）：55 -66.

[10] 范祚军，凌璐阳. 基于后危机时代国际金融竞争格局转换的人民币区
域化策略调整 [J]. 东南亚纵横，2010（4）：78 -84.

[11] 高晨. 人民币国际化或始于东南亚 [J]. 经济研究参考，2010（18）：
23 -23.

[12] 高海红. 人民币成为区域货币的潜力 [J]. 国际经济评论，2011（2）：
4 -5，80 -88.

[13] 何曾. 建设中国 - 东盟区域性国际支付系统研究 [J]. 南方金融，2014
（2）：80 -83.

[14] 何曾，梁晶晶. 货币国际化路径研究——以东盟国家美元化为例 [J].
东南亚纵横，2015（2）：31 -36.

[15] 胡松明. 从亚洲金融危机看人民币汇率策略 [J]. 北京师范大学学报
（社会科学版），1998（5）：71 -74.

[16] 黄泽民，陆文磊. 美元化的危害及亚洲货币合作 [J]. 华东师范大学学
报（哲学社会科学版），2001，33（5）：184 -191.

[17] 江时学. 拉美国家的汇率制度与美元化 [J]. 世界经济，2004（5）：
42 -47.

[18] 姜波克，张青龙. 国际货币的两难及人民币国际化的思考 [J]. 学习与
探索，2005（4）：17 -24.

[19] 李保林. 边境贸易及人民币跨境结算问题研究——以广西为例 [J]. 区
域金融研究，2013（11）：30 -34.

[20] 李东荣. 浅析新兴市场经济体金融危机的成因和防范——从东亚和拉
美金融危机引发的思考 [J]. 金融研究，2003（5）：55 -64.

[21] 李婧，管涛，何帆. 人民币跨境流通的现状及对中国经济的影响 [J].

管理世界，2004（9）：45 – 52，155.

[22] 李扬，黄金老. 美元化问题研究 [J]. 金融研究，1999（9）：56 – 62.

[23] 林乐芬，王少楠. "一带一路"建设与人民币国际化 [J]. 世界经济与政治，2015（11）：72 – 90，158.

[24] 刘方. 边境贸易中的币种选择与人民币国际化推进策略——以云南省为例 [J]. 海南金融，2019（1）：81 – 87.

[25] 刘方，丁文丽，胡小丽. 人民币跨境流通的经济增长效应分析 [J]. 海南金融，2015（1）：10 – 14，32.

[26] 刘方，丁文丽. 柬埔寨美元化的持久性及推动人民币在柬流通使用的前景 [J]. 广西社会科学，2018（1）：54 – 60.

[27] 刘方，王仕婷，李杰. 基于DSGE模型的美元化对宏观经济影响分析——以柬埔寨、老挝、越南为例 [J]. 财经理论研究，2018（3）：86 – 98.

[28] 刘洪钟，张振家. 转轨经济的去美元化：以俄罗斯和东欧为例 [J]. 俄罗斯东欧中亚研究，2011（1）：46 – 52，96.

[29] 刘力臻，徐奇渊. 人民币非法流出的防范对策 [J]. 东北师大学报（哲学），2005（3）：59 – 64.

[30] 刘沛. 美元化与金融稳定 [J]. 暨南学报（哲学社会科学版），2005，27（2）：40 – 44.

[31] 刘志梅. 美元化的过去、现在与未来 [J]. 南方金融，2007（12）：65 – 68.

[32] 马广奇，李洁. "一带一路"建设中人民币区域化问题研究 [J]. 经济纵横，2015（6）：41 – 46.

[33] 马荣华. 人民币境外流通对我国经济影响的实证分析 [J]. 财经研究，2006（4）：35 – 48.

[34] 马涛. 人民币国际化的空间结构演化研究 [D]. 昆明：云南师范大学，2018.

［35］梅德平，苑笑怡．我国边贸人民币结算的问题及对策研究［J］.经济纵横，2015（2）：74－77．

［36］牟怡楠．人民币在东盟的区域化途径研究［J］.东南亚纵横，2013（1）：50－54．

［37］潘永，蒋愉．中越贸易人民币结算模式问题研究［J］.东南亚纵横，2013（12）：47－52．

［38］钱圆圆，沙文兵．人民币国际化：程度测算及影响因素研究——基于境外存量视角［J］.会计与经济研究，2018，32（5）：99－112．

［39］石杰．人民币国际化战略的现实选择［J］.经济研究参考，2008（64）：58－63．

［40］束斌，马国宏．印度支那三国的美元化及推动人民币在这一地区成为流通货币前景的研究——基于国际政治经济学的视角［J］.上海金融，2015，（12）：89－94．

［41］孙丹．"去美元化"可持续吗？——来自拉美国家的证据［J］.拉丁美洲研究，2015（4）：32－39．

［42］唐双宁．美元、人民币和世界货币——基于国际货币体系三十年周期演变的思考［J］.财经问题研究，2009（4）：44－47．

［43］陶士贵，徐琳．不同货币区域化形式的制度差异——基于美元化与欧元区制度的比较［J］.改革与战略，2020，36（7）：18－26．

［44］陶士贵，叶亚飞．人民币境外存量的估算及其对我国货币供给量的影响——基于人民币跨境交易视角［J］.财贸经济，2013（9）：67－75．

［45］滕莉莉，潘永．印度支那三国证券市场开放及中国机遇分析［J］.广西社会科学，2013（2）：54－58．

［46］滕书圣，阮锋．拉美货币美元化的可行性与前景分析［J］.世界经济研究，2001（2）：69－73．

［47］涂永红，李胜男．促进"一带一路"贸易发展，推动人民币国际化

[J]. 海外投资与出口信贷, 2017 (2): 18 – 21.

[48] 王喜平. 完全美元化及利弊评析 [J]. 石家庄经济学院学报, 2005 (1): 68 – 70.

[49] 王先锋, 陈建新. 拉丁美洲的美元化问题及其发展趋势 [J]. 拉丁美洲研究, 2001 (3): 44 – 46.

[50] 王峥. 人民币国际化背景下人民币跨境流通趋势研究——基于需求缺口估计法的分析 [J]. 上海金融, 2015 (11): 59 – 63.

[51] 熊劼, 黄少炳. 发展中国家的美元化问题及其前景 [J]. 经济与管理, 2004 (3).

[52] 徐奇渊, 何帆. 人民币国际化对国内宏观经济的影响——基于人民币跨境结算渠道的分析 [J]. 广东社会科学, 2012 (4): 29 – 37.

[53] 徐灼, 田鑫. 东南亚国际货币竞争: 经济冲击视角的实证分析 [J]. 现代管理科学, 2016 (6): 33 – 35.

[54] 许珊珊. 人民币境外流通规模测算: 1997—2009 年 [J]. 甘肃金融, 2011 (1): 64 – 67.

[55] 严佳佳, 辛文婷. "一带一路" 倡议对人民币国际化的影响研究 [J]. 经济学家, 2017 (12): 83 – 90.

[56] 杨荣海, 冉萍. 基于资本要素流动的中国—东盟区域货币合作研究 [J]. 财会月刊, 2009 (3): 92 – 94.

[57] 杨小平. 人民币跨境使用与我国区域合作战略研究——中越、中老、中缅次区域个案研究 [C]. 中国金融学会调研报告评选, 2005.

[58] 杨小平, 孙仲文. 中国货币在东南亚区域化的历史进程——历史与展望 [J]. 中国金融, 2009 (7): 84 – 85.

[59] 杨燕红. 昆明市建立区域性人民币结算中心的可行性与对策分析 [J]. 思想战线, 2010 (s1): 77 – 80.

[60] 姚晓东, 孙钰. 人民币跨境流通的影响与人民币区域化进程研究 [J].

经济社会体制比较，2010（3）：23 – 30.

[61] 张见，刘力臻. 人民币升值预期与东南亚人民币化——基于小国视角跨期均衡货币替代模型的分析［J］. 太平洋学报，2012，20（2）：74 – 80.

[62] 张岚松. 东南亚金融危机与人民币汇率走势［J］. 财贸经济，1998（10）：26 – 32.

[63] 张明. 人民币国际化面临的挑战与对策［J］. 金融博览（财富），2016（1）：24 – 25.

[64] 张宇燕. 美元化：现实、理论及政策含义［J］. 世界经济，1999，（9）：17 – 25.

[65] 张远军. 中俄间人民币跨境流通的理论与实证研究［J］. 金融研究，2011（6）：194 – 206.

[66] 朱小梅. 拉美国家美元化的历程及现实原因探析［J］. 湖北大学学报（哲学社会科学版），2006，33（1）：48 – 50.

[67] Alvarez P P, Garcia-Herrero A. To Dollarize or De-Dollarize：Consequences for Monetary Policy［R］. Deutsches Institut für Wirtschaftsforschung Discussion Papers，No. 842，2008.

[68] Baliño T J T，Bennett A，Borensztein E. Monetary Policy in Dollarized Economies［R］. IMF Occasional Papers，1999.

[69] Bernanke B S，Gürkaynak R S. Is Growth Exogenous? Taking Mankiw，Romer and Weil Seriously［J］. NBER Macroeconomics Annual，2001，16（16）：11 – 57.

[70] Castro J F，Morón E A，Winkelried D. Assessing Financial Vulnerability in Partially Dollarized Economies［R］. Universidad del Pacifico Working Papers，2004.

[71] Chim S. An Empirical Study on the Determinants of Dollarization in Cambodia

[D]. Graduate School of Economics of Osaka University, 2010.

[72] Duma N. Dollarization in Cambodia: Causes and Policy Implications [R]. IMF Working Paper, No. 49, 2011.

[73] Duncan R. Exploring the Implications of Official Dollarization on Macroeconomic Volatility [R]. Working Papers Central Bank of Chile, 2003.

[74] Eichengreen B, Kawai M. Issues for Renminbi Internationalization: An Overview [R]. ADBI Working Paper Series, 2014.

[75] Fratzscher M, Mehl A. China's Dominance Hypothesis and the Emergence of a Tripolar Global Currency System [J]. The Economic Journal, 2014, 124 (581): 1343 – 1370.

[76] Goujon M. Fighting Inflation in a Dollarized Economy: The Case of Vietnam [J]. Journal of Comparative Economics, 2006, 34 (3): 564 – 581.

[77] Hanke S. Reflections on Exchange Rates and Dollarization [J]. Fordham Journal of Corporate & Financial Law, 1999, 4 (1): 63 – 75.

[78] Honohan P. Dollarization and Exchange Rate Fluctuations [R]. Institute for International Integration Studies Discussion Paper, No. 201, 2007.

[79] Israeli O. A Shapley-Based Decomposition of the R-square of a Linear Regression [J]. The Journal of Economic Inequality, 2007, 5 (2): 199 – 212.

[80] Ito T. China as Number One: How about the Renminbi? [J]. Asian Economic Policy Review, 2010, 5 (2): 249 – 276.

[81] Ito T. Influence of the Renminbi on Exchange Rate Policies of Other Asian Currencies [M]//Debating China's Exchange Rate Policy. Washington, DC: Peterson Institute for International Economics, 2008: 239 – 258.

[82] Ize A, Yeyati E L. Financial Dollarization [J]. Journal of International Economics, 2003, 59 (2): 323 – 347.

[83] Kroeber A. Examining the Internationalization of the RMB from a Historical

Perspective [R]. China's Global Currency: Lever for Financial Reform, No. 3, 2013.

[84] Kubo K. Dollarization and De-Dollarization in Transitional Economies of Southeast Asia [M]. Springer, 2017.

[85] Lay S H, Kakinaka M, Kotani K. Exchange Rate Movements in a Dollarized Economy: The Case of Cambodia [R]. Research Institute of International University of Japan Working Papers, No. 18, 2010.

[86] Lee J. Will the Renminbi Emerge as an International Reserve Currency? [J]. The World Economy, 2014, 37 (1): 42 – 62.

[87] Menon J. Cambodia's Persistent Dollarization: Causes and Policy Options [J]. Asean Economic Bulletin, 2008, 25 (19): 228 – 237.

[88] Nicoló G D, Honohan P, Ize A. Dollarization of Bank Deposits: Causes and Consequences [J]. Journal of Banking & Finance, 2005, 29 (7): 1697 – 1727.

[89] Notz S, Rosenkranz P. Business Cycles in Emerging Markets: The Role of Liability Dollarization and Valuation Effects [J]. International Review of Economics and Finance, 2021, 76: 424 – 450.

[90] Pham T H A. Dollarization and De-dollarization Policies: The Case of Vietnam [C]// Dollarization and De-dollarization in Transitional Economies of Southeast Asia, 2017.

[91] Schmitt G S, Uribe M. Stabilization Policy and the Costs of Dollarization [C]. Optimal Monetary Institutions for Mexico, Instituto Tecnol'ogico Aut'onomo de M'exico, 1999.

[92] Stephanie S, Martín U. Stabilization Policy and the Costs of Dollarization [J]. Journal of Money Credit & Banking, 2001, 33 (2): 482 – 509.

[93] Wu F. Renminbi's Potential to Become a Global Currency [J]. China &

World Economy, 2010, 18 (1): 63 –81.

[94] Yeyati E L. Financial Dollarization: Evaluating the Consequences [J]. Economic Policy, 2006, 21 (45): 61 –118.

[95] Zamaróczy M D, Sa S. Economic Policy in a Highly Dollarized Economy: The Case of Cambodia [R]. IMF Occasional Papers, No. 219, 2003.

后　记

　　本书是作者主持的云南省哲学社会科学基金项目"云南周边四国美元化对人民币跨境流通的影响与对策研究"的主要研究成果，也是国家自然科学基金委员会"NSFC－云南联合基金"项目（U2002201）的阶段性研究成果。全书内容较为丰富、资料较为翔实、方法较为新颖，是研究中国西南周边国家美元化与人民币跨境流通或人民币区域化、国际化的重要参考专著。

　　本书基于宏观经济学的 DSGE 框架深入考察了中国西南周边国家美元化的国内宏观经济效应，并且在最低方差投资组合模型中创新性地引入了跨境货币，以此剖析外币（美元）对跨境货币（人民币）的影响机制，同时使用面板数据实证解答美元化对人民币跨境流通的影响程度及方向，得出了一些重要结论。课题的研究和附属成果的公开出版，将有助于丰富人民币区域化的相关理论，为人民币"走出去"，实现区域国际化，进而为深入推动中国与西南周边国家的跨境金融合作提供相应的决策资鉴。

　　本书是一项集体研究成果。丁文丽教授提出了全书修改思路和框架，撰写了部分章节；刘方副教授撰写了大部分主要章节和负责全书审核、校正，研究生苏益莉、李杰负责文献收集、数据查找和相关章节的撰写工作。本书写作和课题调研期间还得到王仕婷助理研究员、庞磊副教授两位老师的友情帮助。感谢云南省哲学社会科学规划办公室的资助，感谢国家自然科学基金委员会"NSFC－云南联合基金"项目对本书出版的经费支持。

在研究和写作过程当中，我们将引用的文献和观点按学术规范标注出中外作者的相关信息。在付梓之际，除了对这些学者的学术精神和学术贡献表示敬意外，我们期望读者能够对书中的不妥之处给予批评指正，以作后续订正之参考。